PROGRAMME 2019

Cahier de Calcul

2de

Sous la direction de
Nicolas EHRSAM

Jérôme COMBE
Aurélia COMTET
Laila EL YOUSSOUFI

bordas
éditeur

SOMMAIRE

Vous trouverez dans ce sommaire les principales capacités testées puis travaillées dans chaque séquence.

FSC MIXTE Papier issu de sources responsables FSC® C022030 www.fsc.org

Bordas est un éditeur qui s'engage pour la préservation de l'environnement et utilise du papier issu de forêts gérées de manière responsable et d'autres sources contrôlées.

Ce cahier a été imprimé en France en mars 2020 par Maury, imprimeur certifié IMPRIM'VERT®

N° de projet : 10259736 • Dépôt légal : mars 2020

MOT DES AUTEURS

Faire des mathématiques et, plus généralement étudier les matières scientifiques, impose une familiarité avec les nombres et les opérations. Nous avons souhaité proposer ce cahier pour avoir constaté régulièrement dans nos classes que les difficultés rencontrées par les lycéens pour résoudre un problème sont souvent liées à un **manque de pratique calculatoire**. Nous pensons que la compréhension, l'habitude et le recul en mathématiques ne peuvent s'acquérir que par la pratique régulière et structurée des techniques calculatoires sous toutes ses formes.
Ce cahier a pour objectif de faire travailler les **notions et techniques calculatoires indispensables à tout élève de Seconde dans les matières scientifiques**. Il a été pensé pour que l'enseignant puisse proposer ces exercices rapidement et sans intervention excessive. Les séquences peuvent ainsi pour la plupart être travaillées dans l'ordre souhaité, elles ont été conçues en ce sens.
Utilisables en classe en complément d'un manuel ou en temps libre, les séquences d'exercices sont adaptées au niveau calculatoire des élèves. Mais ce cahier ne sera bien sûr réellement efficace que s'ils oublient leur calculatrice pour un temps : l'occasion leur est donnée ici de **se réapproprier la notion de nombre et le calcul**.

Exemple d'utilisation du cahier (pour une évaluation diagnostique avec 3 bonnes réponses)

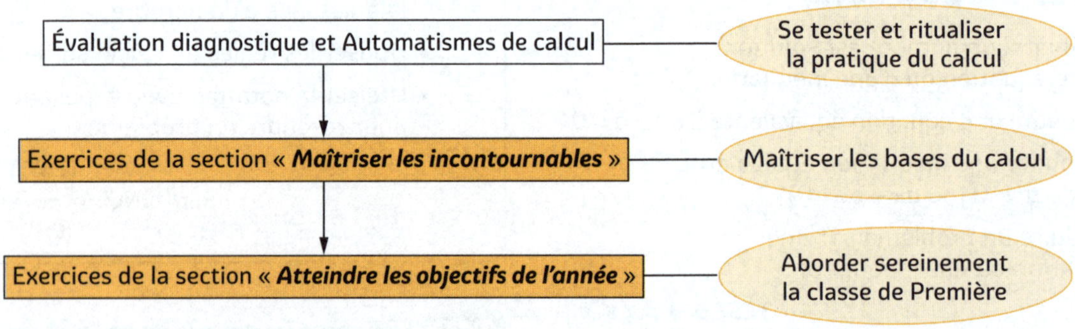

L'objectif est que les élèves maîtrisent les exercices de la section « ***Atteindre les objectifs de l'année*** ». La section « ***Relever des défis*** » s'adresse aux élèves qui souhaitent approfondir les notions travaillées.

Comme le préconise le programme de Seconde, à propos de la résolution de problèmes, « pour prendre des initiatives, imaginer des pistes de solution et s'y engager sans s'égarer, l'élève doit disposer d'automatismes ». **La pratique régulière du calcul mental et plus largement du traitement mental de petits problèmes** est une des clés pour acquérir des automatismes. Chaque séquence du cahier propose 3 séries de 3 questions chacune pouvant être proposées aux élèves tout au long de l'étude de la séquence. Les thèmes abordés par ces questions ne concernent pas uniquement celui de la séquence en cours et permettent de travailler régulièrement le contenu d'autres séquences. Les types de questions sont variés : QCM, Vrai/Faux, questions de méthodes, calcul direct sans calculatrice, petits problèmes, questions de logique ou de raisonnement.

Pour chacun des exercices proposés, on pourra consulter :
– des **fiches de cours** relatifs à la séquence situés à la fin du cahier ;
– un **schéma-bilan des notions essentielles** situé à la fin de chaque séquence ;

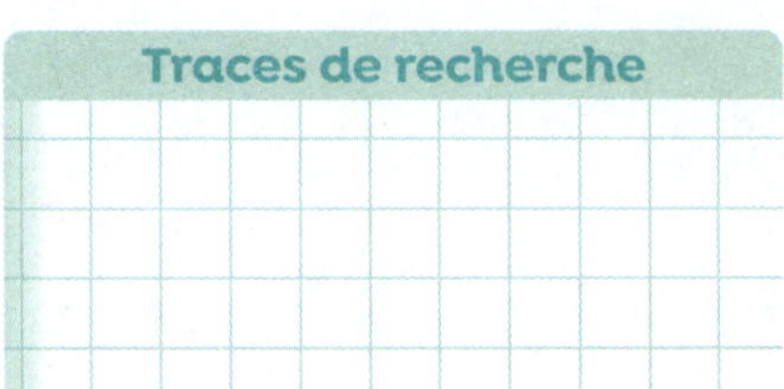

Enfin, une colonne « ***Traces de recherche*** » est prévue pour inciter l'élève à écrire **les procédures ou détails de calcul nécessaires à la résolution des exercices**. Cet outil permet en particulier d'observer au mieux les démarches entreprises et ainsi remédier de manière adaptée aux difficultés éventuellement rencontrées.

Nous invitons nos collègues à nous faire part de toute remarque à l'adresse mail **cahier.calcul2de@orange.fr** pour le rendre encore plus efficace.

TEST 1 — SÉQUENCE 1 • Lier calculs et lectures graphiques pour les fonctions

15 min

Pour chaque question, cocher la ou les bonnes réponses (deux bonnes réponses maximum). Ne cocher que huit réponses en tout.

	Réponse A	Réponse B	Réponse C	Réponse D
1 vitesse moyenne → $v = \frac{d}{t}$ ← distance parcourue ; t ← durée. On peut affirmer que :	v est exprimée en fonction de t ☐	t est exprimé en fonction de d ☐	v est exprimée en fonction de d ☐	dans un repère, la vitesse est sur l'axe des abscisses ☐
2 f est la fonction définie par $f(x) = -3x^2 - 6$. Alors :	l'image de 0 par f est -9 ☐	l'image de -1 par f est 3 ☐	$f(-6) = 0$ ☐	0 n'a pas d'antécédent par f ☐
3 La température T (en °C) est relevée à Nice de 8 h à 20 h. (Heure : 8, 10, 12, 15, 20 ; Tem. T : 15, 20, 27, 30, 15) f est la fonction qui associe la température relevée à une heure x donnée. Alors :	$f(15) = 8$ ☐	$T = f(x)$ ☐	D'après le tableau, 15 a trois antécédents par f. ☐	D'après le tableau, l'équation $f(x) = 20$ a deux solutions. ☐
4 (voir graphique ci-dessous)	$A(-2\,;4) \in \mathscr{C}_f$ ☐	$f(0) < 0$ ☐	0 a au moins trois antécédents par f. ☐	0 a deux images par f. ☐
5 $\mathscr{C}_f$ est la courbe représentant une fonction f.	$f\left(\frac{1}{2}\right) = -1$ ☐	$f(-1) = 0$ ☐	$f(-3{,}5) = f(-2{,}5)$ ☐	$f(-2) > f(2)$ ☐

Tableau de la question 3 :

Heure	8	10	12	15	20
Tem. T	15	20	27	30	15

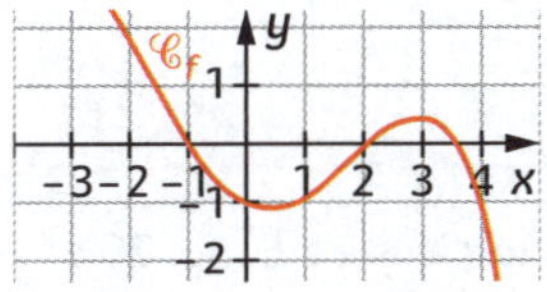

Nombre de bonnes réponses .... / 8

- **0 à 5** → **Maîtriser les incontournables** (Exercices 1 à 4, pp. 12 et 13)
- **6 à 7** → **Atteindre les objectifs de l'année** (Exercices 5 et 6, p. 14)
- **8** → **Relever des défis** (Défis 1 et 2, p. 15)

TEST 2 — SÉQUENCE 2 • Utiliser la proportionnalité et les pourcentages

10 min

Pour chaque question, cocher la ou les bonnes réponses (deux bonnes réponses maximum). Ne cocher que huit réponses en tout.

	Réponse A	Réponse B	Réponse C	Réponse D
1 150 € valent 2 970 pesos mexicains. Combien de pesos valent 200 € ?	19,80 ☐	$\frac{2970}{150} \times 200$ ☐	3 960 ☐	3 020 ☐
2 Calculer 3 % de 345.	1,15 ☐	10,35 ☐	103,5 ☐	348 ☐
3 Calculer le pourcentage d'augmentation d'un article qui passe de 270 € à 302,4 €.	32,4 ☐	$\frac{302{,}4 - 270}{302{,}4} \times 100$ ☐	$\frac{302{,}4 - 270}{270} \times 100$ ☐	12 % ☐
4 Un livreur de pizza roule en moyenne à 40 km·h^{-1} et son client habite à 6 km.	Le client attendra 15 min. ☐	Le client attendra 7 min. ☐	Le client attendra 9 min. ☐	Le client attendra au plus 10 min. ☐
5 Soit $f(x)$ le nombre obtenu quand on diminue x de 15 %. Alors :	$f(x) = 0{,}15x$ ☐	$f(x) = x - 0{,}15$ ☐	$f(x) = 1{,}15x$ ☐	$f(x) = 0{,}85x$ ☐

Nombre de bonnes réponses .... / 8

- **0 à 5** → **Maîtriser les incontournables** (Exercices 1 à 5, pp. 16 et 17)
- **6 à 7** → **Atteindre les objectifs de l'année** (Exercices 6 à 8, p. 18)
- **8** → **Relever des défis** (Défis 1 et 2, p. 19)

ÉVALUATIONS DIAGNOSTIQUES

TEST 3 — SÉQUENCE 3 • S'initier aux intervalles et aux valeurs absolues

10 min

Pour chaque question, cocher la ou les bonnes réponses (deux bonnes réponses maximum). Ne cocher que huit réponses en tout.

	Réponse A	Réponse B	Réponse C	Réponse D
1 Si x vérifie $-1 \leqslant x \leqslant 2$, alors :	x est positif ☐	x est inférieur à -1 ☐	x est au plus égal à 2 ☐	x peut être égal à 0 ☐
2 Dans l'intervalle [0 ; 2], il y a :	exactement 3 entiers ☐	exactement 21 décimaux ☐	exactement 3 nombres : 0, 1 et 2 ☐	une infinité de réels ☐
3 L'ensemble des réels négatifs est :	l'intervalle $[-\infty ; 0]$ ☐	l'ensemble des réels x tels que $0 \geqslant x$ ☐	l'ensemble des réels x tels que $\lvert -x \rvert = x$ ☐	l'ensemble des réels x tels que $-x \leqslant x$ ☐
4 On sait que x appartient à l'intervalle bleu. 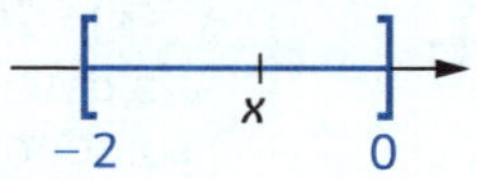 Alors :	$\lvert x-1 \rvert \leqslant \frac{1}{2}$ ☐	$\lvert x-1 \rvert \leqslant 2$ ☐	$\lvert x+1 \rvert \leqslant 1$ ☐	$\lvert x+1 \rvert \leqslant 2$ ☐
5 $\lvert 2\sqrt{3}-4 \rvert =$	$2\sqrt{3}-4$ ☐	$4-2\sqrt{3}$ ☐	$2\sqrt{3}+4$ ☐	$\frac{1}{2}$ ☐

Nombre de bonnes réponses .... / 8

- **0 à 5** → **Maîtriser les incontournables** (Exercices 1 à 5, pp. 20 et 21)
- **6 à 7** → **Atteindre les objectifs de l'année** (Exercices 6 à 8, p. 22)
- **8** → **Relever des défis** (Défis 1 et 2, p. 23)

TEST 4 — SÉQUENCE 4 • Calculer avec les quotients

15 min

Pour chaque question, cocher la ou les bonnes réponses (deux bonnes réponses maximum). Ne cocher que huit réponses en tout.

	Réponse A	Réponse B	Réponse C	Réponse D
1 $\frac{3}{4}+\frac{5}{8}$ est égal à :	$\frac{8}{12}$ ☐	$\frac{52}{32}$ ☐	$\frac{11}{8}$ ☐	$\frac{44}{32}$ ☐
2 L'écriture irréductible de $\frac{24}{35}\times\frac{21}{60}$ est :	$\frac{42}{175}$ ☐	$\frac{24\times 60}{35\times 21}$ ☐	$\frac{12}{25}$ ☐	$\frac{6}{25}$ ☐
3 $\frac{5}{2}-\frac{3}{2}\times\frac{2}{5}$ est égal à :	$\frac{19}{10}$ ☐	$\frac{2}{5}$ ☐	$-\frac{19}{2}$ ☐	$\frac{5}{2}-\frac{3}{5}$ ☐
4 $5\times\frac{2}{9}-\frac{\frac{7}{2}}{\frac{9}{5}}$ est égal à :	$\frac{10}{45}-\frac{7}{2}\times\frac{5}{9}$ ☐	$\frac{10}{9}-\frac{2}{7}\times\frac{9}{5}$ ☐	$\frac{10}{9}-\frac{7}{90}$ ☐	$\frac{10}{9}-\frac{35}{18}$ ☐
5 $1-\frac{5-14}{15-7}$ est égal à :	$\frac{8+9}{8}$ ☐	$\frac{8-5-14}{8}$ ☐	$1+\frac{14-5}{15-7}$ ☐	$1-\frac{1-2}{3-1}$ ☐

Nombre de bonnes réponses .... / 8

- **0 à 5** → **Maîtriser les incontournables** (Exercices 1 à 6, pp. 24 et 25)
- **6 à 7** → **Atteindre les objectifs de l'année** (Exercices 7 à 9, p. 26)
- **8** → **Relever des défis** (Défis 1 et 2, p. 27)

TEST 5 — SÉQUENCE 5 • Utiliser la distributivité

15 min

Pour chaque question, cocher la ou les bonnes réponses (deux bonnes réponses maximum). Ne cocher que huit réponses en tout. Sauf indication contraire, x désigne un nombre quelconque.

		Réponse A	Réponse B	Réponse C	Réponse D
1	L'égalité $(x+3)(x-2)=x^2-6$:	est vraie pour tout nombre x ☐	s'obtient en développant le membre de gauche ☐	est fausse en général ☐	est vraie si $x=0$ ☐
2	$-2x+5x+3(1-x)$ est égal à :	3 ☐	$-10x+3$ ☐	$2x+3$ ☐	$-5x^2+3$ ☐
3	L'égalité $x^2=3x-x(3-x)$ est :	vraie si et seulement si x est positif ☐	fausse car il n'y a pas de x^2 dans le membre de droite ☐	vraie si $x=3$ ☐	vraie pour tout nombre x ☐
4	$4(x-1)\left(2x+\frac{1}{2}\right)$ est égal à :	$8x^2-2$ ☐	$8x^2-6x-2$ ☐	$(2x-2)(4x+1)$ ☐	$(4x-4)(8x+2)$ ☐
5	L'écriture factorisée de $3x^2-x(x+2)$ est :	$3x(-x-2)$ ☐	$3x(x+2)$ ☐	$2x^2-2x$ ☐	$2x(x-1)$ ☐

Nombre de bonnes réponses .... / 8

- **0 à 5** → **Maîtriser les incontournables** (Exercices 1 à 5, pp. 28 et 29)
- **6 à 7** → **Atteindre les objectifs de l'année** (Exercices 6 à 9, p. 30)
- **8** → **Relever des défis** (Défis 1 et 2, p. 31)

TEST 6 — SÉQUENCE 6 • Lier puissances de 10 et conversions

10 min

Pour chaque question, cocher la ou les bonnes réponses (deux bonnes réponses maximum). Ne cocher que huit réponses en tout.

		Réponse A	Réponse B	Réponse C	Réponse D
1	La somme de 2,36 kg et de 500 g correspond à :	2 860 g ☐	502,36 g ☐	7,36 g ☐	2,86 kg ☐
2	La durée 1,5 h correspond à :	1 h 50 min ☐	150 min ☐	1 h 30 min ☐	5 400 s ☐
3	Le plus petit nombre parmi 10^0 ; 10^{-6} ; 10^5 ; $\frac{1}{10^5}$ est :	10^0 ☐	10^{-6} ☐	10^5 ☐	$\frac{1}{10^5}$ ☐
4	On ouvre un robinet de débit moyen $12\ \text{L}\cdot\text{min}^{-1}$. Alors :	la vitesse de l'eau est 12 L ☐	12 L d'eau s'écoulent en 1 min ☐	1 L d'eau s'écoule en 12 min ☐	12 dm^3 d'eau s'écoulent en 12 min ☐
5	Si $V=340{,}29\ \text{m}^3$, alors V est égal à :	3 402,9 dm^3 ☐	$3{,}4029\times10^2\ \text{m}^3$ ☐	340 290 L ☐	$3{,}4\times10^5\ \text{dm}^3$ ☐

Nombre de bonnes réponses .... / 8

- **0 à 5** → **Maîtriser les incontournables** (Exercices 1 à 7, pp. 32 et 33)
- **6 à 7** → **Atteindre les objectifs de l'année** (Exercices 8 à 10, p. 34)
- **8** → **Relever des défis** (Défis 1 et 2, p. 35)

TEST 7 — SÉQUENCE 7 • Décrire les variations d'une fonction

15 min

Pour chaque question, cocher la ou les bonnes réponses (deux bonnes réponses maximum). Ne cocher que huit réponses en tout.

		Réponse A	Réponse B	Réponse C	Réponse D
1	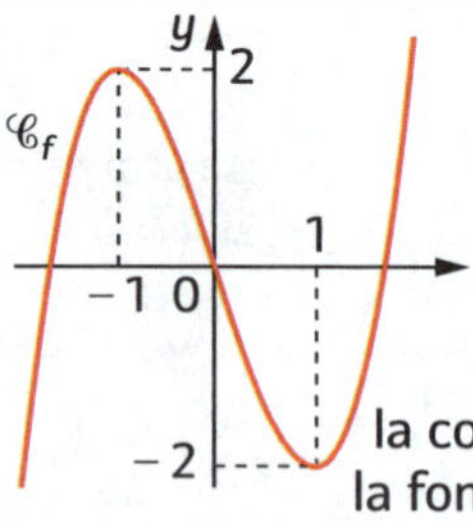 D'après la courbe de la fonction f :	$f(0) > f(1)$ ☐	f est croissante sur $[-2 ; 0]$ ☐	$f(-1) < f(1)$ ☐	f est monotone sur $[-1 ; 1]$ ☐
2	a et b sont deux nombres non nuls. Si $a < b$, alors :	$a - 3 > b - 3$ ☐	$-3a < -3b$ ☐	$a + 3 < b + 3$ ☐	$-\frac{a}{3} > -\frac{b}{3}$ ☐
3	Soit $f : x \mapsto -3x + 75$. Alors :	$f(-2) < f(6)$ ☐	f est croissante sur $\mathbb{R}$ ☐	f est décroissante sur $\mathbb{R}$ ☐	$f(0{,}17) > f(0)$ ☐
4	f est une fonction définie sur $[0 ; 10]$ telle que $f(0) = 5$, $f(2) = 8$ et $f(10) = 8$. Alors :	f est croissante sur $[0 ; 2]$ ☐	f est constante sur $[2 ; 10]$ ☐	on ne peut rien dire sur les variations de f ☐	f est monotone sur $[0 ; 10]$ ☐
5	f est une fonction croissante sur $[0 ; 5]$. Alors :	pour tout x dans $[0 ; 5]$, $f(x)$ est positif ☐	$f(1) > 0$ ☐	$f(2) \geqslant f(0)$ ☐	$f(1+\pi) - f(1{,}1+\pi) \leqslant 0$ ☐

Nombre de bonnes réponses .... /8

- **0 à 5** → **Maîtriser les incontournables** (Exercices 1 à 5, pp. 36 et 37)
- **6 à 7** → **Atteindre les objectifs de l'année** (Exercices 6 et 7, p. 38)
- **8** → **Relever des défis** (Défis 1 et 2, p. 39)

TEST 8 — SÉQUENCE 8 • Calculer avec les racines carrées

10 min

Pour chaque question, cocher la ou les bonnes réponses (deux bonnes réponses maximum). Ne cocher que huit réponses en tout.

		Réponse A	Réponse B	Réponse C	Réponse D
1	64 est le carré de :	-8 ☐	32 ☐	4 096 ☐	128 ☐
2	$\sqrt{2}$ est un nombre :	positif ☐	décimal ☐	rationnel ☐	irrationnel ☐
3	-8 est égal à :	$\sqrt{-8^2}$ ☐	$\sqrt{64}$ ☐	$-\sqrt{64}$ ☐	$-(2\sqrt{2})^2$ ☐
4	$\sqrt{10^2 - 8^2}$ est égal à :	2 ☐	6 ☐	$\sqrt{6}$ ☐	$\sqrt{2}$ ☐
5	Si a est un nombre strictement positif, alors $\frac{\sqrt{18}}{\sqrt{a}}$ est égal à :	$\frac{\sqrt{9} + \sqrt{2}}{\sqrt{a}}$ ☐	$\frac{9\sqrt{2}}{\sqrt{a}}$ ☐	$\frac{3\sqrt{2a}}{a}$ ☐	$\frac{\sqrt{9} \times \sqrt{2}}{\sqrt{a}}$ ☐

Nombre de bonnes réponses .... /8

- **0 à 5** → **Maîtriser les incontournables** (Exercices 1 à 6, pp. 40 et 41)
- **6 à 7** → **Atteindre les objectifs de l'année** (Exercices 7 à 9, p. 42)
- **8** → **Relever des défis** (Défis 1 et 2, p. 43)

TEST 9 SÉQUENCE 9 • Résoudre des équations et des inéquations

10 min

Pour chaque question, cocher la ou les bonnes réponses (deux bonnes réponses maximum). Ne cocher que huit réponses en tout.

	Réponse A	Réponse B	Réponse C	Réponse D
1 L'équation $-4x+6=3$:	a pour solution $x=+1$ ☐	a la même solution que $4x-6=-3$ ☐	a pour solution $\frac{3}{4}$ ☐	a pour solution $\frac{-3}{4}$ ☐
2 Soit (E) l'équation $4x+5=x^2$. Alors :	-1 est solution de (E) ☐	$-2{,}5$ est solution de (E) ☐	(E) a la même solution que $2x+5=0$ ☐	-1 est la seule solution de (E) ☐
3 Si $(x+3)(2x-1)=0$, alors :	$x=-3$ ☐	$x=-3$ ou $x=\frac{1}{2}$ ☐	$3x+2=0$ ☐	$x=-3$ et $x=\frac{1}{2}$ ☐
4 Si $-5x<0$, alors :	$x<5$ ☐	$x>0$ ☐	$5x>0$ ☐	x est négatif ☐
5 L'inéquation $x \geqslant 3x+10$:	n'a que des solutions négatives ☐	a pour solutions tous les $x \geqslant -2{,}5$ ☐	a les mêmes solutions que $2x \leqslant -10$ ☐	n'a aucune solution ☐

Nombre de bonnes réponses .... / 8

- 0 à 5 → **Maîtriser les incontournables** (Exercices 1 à 6, pp. 44 et 45)
- 6 à 7 → **Atteindre les objectifs de l'année** (Exercices 7 à 10, p. 46)
- 8 → **Relever des défis** (Défis 1 et 2, p. 47)

TEST 10 SÉQUENCE 10 • Utiliser des égalités remarquables

15 min

Pour chaque question, cocher la ou les bonnes réponses (deux bonnes réponses maximum). Ne cocher que huit réponses en tout.

	Réponse A	Réponse B	Réponse C	Réponse D
1 Pour tout x, $(5x-3)(5x-3)$ est égal à :	$25x^2+9$ ☐	$(5x-3)^2$ ☐	$25x^2-30x+9$ ☐	$25x^2+30x-9$ ☐
2 Il est vrai que $(2x+1)^2=4x^2+1$:	seulement lorsque $x=0$ ☐	pour tout x ☐	pour tout x positif ☐	On ne peut pas le savoir. ☐
3 $2{,}1 \times 1{,}9$ est égal à :	3,99 ☐	3,09 ☐	$4-2\times 0{,}1+0{,}1^2$ ☐	$4-\left(\frac{1}{10}\right)^2$ ☐
4 Pour tout x, $(10x+1)(10x-1)$ peut être écrit sous la forme :	d'un carré ☐	d'une somme de deux carrés ☐	d'une différence de deux carrés ☐	d'une expression de la forme $y(y-2)$ ☐
5 Pour tout x, $(2x+3)^2-4x^2$ est égal à :	$-2x^2+6x+9$ ☐	$12x+9$ ☐	$(2x+3)^2-(4x)^2$ ☐	9 ☐

Nombre de bonnes réponses .... / 8

- 0 à 5 → **Maîtriser les incontournables** (Exercices 1 à 5, pp. 48 et 49)
- 6 à 7 → **Atteindre les objectifs de l'année** (Exercices 6 à 8, p. 50)
- 8 → **Relever des défis** (Défis 1 et 2, p. 51)

TEST 11 — SÉQUENCE 11 • S'initier aux taux d'évolution

10 min

Pour chaque question, cocher la ou les bonnes réponses (deux bonnes réponses maximum). Ne cocher que huit réponses en tout.

	Réponse A	Réponse B	Réponse C	Réponse D
1 Si on augmente 360 de 30 %, on obtient :	468 ☐	390 ☐	108 ☐	360,3 ☐
2 Réduire 400 de 30 % puis de 10 % revient à :	réduire 400 de 40 % ☐	multiplier 400 par 0,63 ☐	calculer $400 \times 0,3 \times 0,1$ ☐	calculer $400 \times 0,7 \times 0,9$ ☐
3 Un homme de 80 kg perd 10 % de sa masse puis regrossit de 10 %. Alors :	il pèse toujours 80 kg puisque $80 - 0,1 + 0,1 = 80$ ☐	il pèse toujours 80 kg puisque $80 - 8 + 8 = 80$ ☐	il pèse actuellement $80 \times 1,1 \times 0,9$ kg ☐	il a en fait maigri, car il pèse actuellement 79,2 kg ☐
4 Le taux d'évolution global d'une augmentation de 40 % suivie d'une augmentation de 20 % :	est égal à 60 % ☐	est égal à 68 % ☐	correspond à deux augmentations de 30 % ☐	correspond à une augmentation de 80 % ☐
5 Un capital de 300 € augmente de 2 % par mois. Quelle est la somme obtenue au bout de 2 mois ?	$300 + 300 \times 0,02 \times 2$ ☐	312 ☐	$300 \times 1,02^2$ ☐	312,12 ☐

Nombre de bonnes réponses .... / 8

- **0 à 5** → **Maîtriser les incontournables** (Exercices 1 à 5, pp. 52 et 53)
- **6 à 7** → **Atteindre les objectifs de l'année** (Exercices 6 à 8, p. 54)
- **8** → **Relever des défis** (Défis 1 et 2, p. 55)

TEST 12 — SÉQUENCE 12 • Résoudre des systèmes d'équations

10 min

Pour chaque question, cocher la ou les bonnes réponses (deux bonnes réponses maximum). Ne cocher que huit réponses en tout.

	Réponse A	Réponse B	Réponse C	Réponse D
1 x et y sont deux nombres dont la somme est égale à 100. Alors :	x et y peuvent prendre une infinité de valeurs ☐	$x = 50$ et $y = 50$ ☐	$y = 100 - x$ ☐	$x = y + 100$ ☐
2 Si $x = 1$ et $y = -2$, alors :	$x + y = -1$ et $3x - 2y = -1$ ☐	$x + y = -2$ et $3x - 2y = 4$ ☐	$x + y = -1$ et $3x - 2y = 7$ ☐	$x + y = -1$ et $3x - 2y = 1$ ☐
3 Si $2x - y = 5$, alors :	$4x - y = 10$ ☐	$4x - 2y = 5$ ☐	$-2x + y = 5$ ☐	$-4x + 2y = -10$ ☐
4 Soit A et B deux nombres qui vérifient : $A + B = 3$ et $A - 2B = 1$. Alors :	$(A ; B)$ est une solution du système $\begin{cases} x - 2y = 1 \\ x + y = 3 \end{cases}$ ☐	$A = 3$ et $B = 1$ ☐	$A = \frac{7}{3}$ et $B = \frac{2}{3}$ ☐	on ne peut pas calculer A et on ne peut pas calculer B ☐
5 Une bouteille et son bouchon coûtent 1,50 €. La bouteille seule coûte 1 € de plus que le bouchon. Le prix b en € du bouchon seul :	ne peut pas être calculé ☐	est égal à 0,25 ☐	est égal à 0,50 ☐	vérifie l'égalité $2b + 1 = 1,5$ ☐

Nombre de bonnes réponses .... / 8

- **0 à 5** → **Maîtriser les incontournables** (Exercices 1 à 6, pp. 56 et 57)
- **6 à 7** → **Atteindre les objectifs de l'année** (Exercices 7 à 9, p. 58)
- **8** → **Relever des défis** (Défis 1 et 2, p. 59)

TEST 13 — SÉQUENCE 13 • Calculer avec les puissances

10 min

Pour chaque question, cocher la ou les bonnes réponses (deux bonnes réponses maximum). Ne cocher que huit réponses en tout.

	Réponse A	Réponse B	Réponse C	Réponse D
1 Quand on écrit a^n, on dit que :	n est une puissance ☐	n est un exposant ☐	a^n est une puissance de a ☐	a est multiplié par n ☐
2 2×5^2 est égal à :	100 ☐	20 ☐	1 000 ☐	50 ☐
3 Soit n un entier. Le nombre $(-1)^n$ est :	égal à -1 ☐	égal à $-n$ ☐	négatif ☐	positif si n est pair ☐
4 $\dfrac{10^{-3}}{2^2 \times 10^{-1}}$ est égal à :	$2{,}5 \times 10^{-3}$ ☐	$\dfrac{10^{-4}}{4}$ ☐	$\dfrac{1}{400}$ ☐	1 ☐
5 $\left(\dfrac{2}{3^{-2}}\right)^3$ est égal à :	5 832 ☐	$\dfrac{2^3}{3^{-6}}$ ☐	$2^3 \times 3^5$ ☐	$\dfrac{6}{9^{-2}}$ ☐

Nombre de bonnes réponses .... / 8

- **0 à 5** → **Maîtriser les incontournables** (Exercices 1 à 7, pp. 60 et 61)
- **6 à 7** → **Atteindre les objectifs de l'année** (Exercices 8 à 10, p. 62)
- **8** → **Relever des défis** (Défis 1 et 2, p. 63)

TEST 14 — SÉQUENCE 14 • Déterminer et exploiter le signe d'une fonction

15 min

Pour chaque question, cocher la ou les bonnes réponses (deux bonnes réponses maximum). Ne cocher que huit réponses en tout.

	Réponse A	Réponse B	Réponse C	Réponse D
1 On pose : $a = -\sqrt{2}$ et $b = -\pi$. Alors :	ab est négatif ☐	$-a$ est négatif ☐	$a + b$ est positif ☐	$(-a)(-b)$ est positif ☐
2 On pose : $A = -3x + 5$. Alors :	si $x = 1$, alors A est négatif ☐	si $x = -3$, alors A est positif ☐	si $x = 5/3$, alors A est positif ☐	Si $x = \sqrt{2}$, alors A est négatif ☐
3 Soit A un nombre positif et B un nombre négatif. Alors :	A + B est positif ☐	A + B est négatif ☐	10 – AB est positif ☐	A^2B est positif ☐
4 On considère les fonctions f et g définies sur $\mathbb{R}$ par : $f(x) = 2x - 5$ et $g(x) = -6x - 3$. Alors :	f est positive sur $[3\,;+\infty[$ ☐	g est négative sur $\left[-\dfrac{1}{2}\,;+\infty\right[$ ☐	L'image de 5 par la fonction g est positive ☐	f s'annule sur $\left]-\infty\,;-\dfrac{5}{2}\right]$ ☐
5 On considère la fonction h définie par $h(x) = \dfrac{4}{x+2}$ pour tout $x \neq -2$. Alors :	$h(-2) = 0$ ☐	0 n'a pas d'antécédent par la fonction h ☐	$h(-1)$ est négatif ☐	La fonction h est positive sur $]-2\,;+\infty[$ ☐

Nombre de bonnes réponses .... / 8

- **0 à 5** → **Maîtriser les incontournables** (Exercices 1 à 6, pp. 64 et 65)
- **6 à 7** → **Atteindre les objectifs de l'année** (Exercices 7 et 8, p. 66)
- **8** → **Relever des défis** (Défis 1 et 2, p. 67)

SÉQUENCE 1 Lier calculs et lectures graphiques pour les fonctions

Automatismes de calcul (séance 1)

1

2

3

Automatismes de calcul (séance 2)

1

2

3

Automatismes de calcul (séance 3)

1

2

3

Maîtriser les incontournables

Si besoin, consulter les fiches B et D (pp. 69 et 71) et le schéma-bilan de la séquence (p. 15)

Exercice 1

Traces de recherche

Répondre par vrai ou faux aux affirmations suivantes en justifiant la réponse.

1. Lorsqu'on associe à un nombre entier son double augmenté de son carré, on définit une fonction.

2. La courbe dans le repère ci-contre représente une fonction.

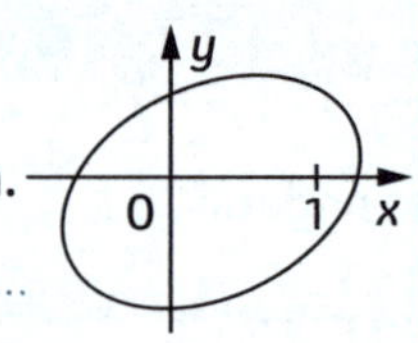

3. Le tableau de valeurs ci-contre est celui d'une fonction f.

Nombre x	-3	-2	1	0	2	1
Nombre y	4	-5	-4	3	4	3

4. Soit f la fonction qui associe à tout nombre $x \neq 1$ l'expression $\dfrac{-2x+4}{x-1}$.

a. L'image de -1 par f est -3.

b. 0 a pour image -4 par f.

c. Un antécédent de 0 est 2.

5. Le programme de calcul ci-contre définit la fonction $f : x \mapsto \dfrac{x^2-16}{5}$.

Choisir un nombre
Soustraire 4
Élever au carré
Diviser par 5
Afficher le quotient

Exercice 2

ABCD est un carré de côté 7 cm. M est un point quelconque du segment [DA]. DMGE est un carré. Où placer le point M sur le côté [DA] pour que l'aire $\mathscr{A}$ de la partie colorée soit égale à 1,44 cm^2 ? On exprimera $\mathscr{A}$ en fonction de $x = DM$.

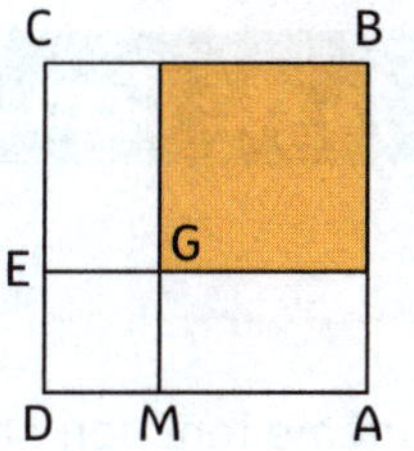

....

....

....

....

Exercice 3

La courbe $\mathscr{C}_f$ donnée ci-contre est celle d'une fonction f. Donner par lecture graphique :

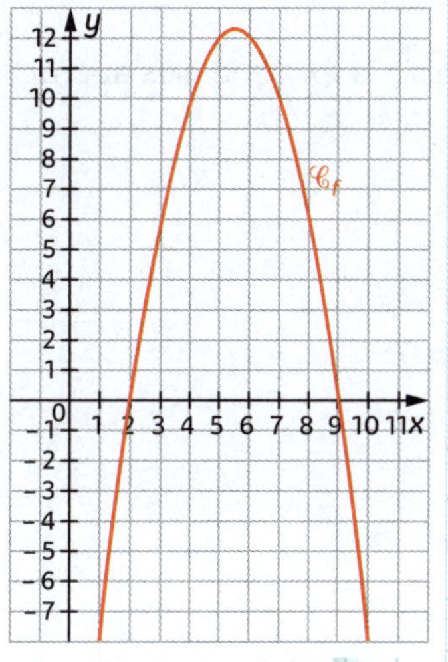

a. L'image de 4 par f : ....

b. L'image de 1 par f : ....

c. Le ou les antécédents de 6 par f : ....

d. $f(6) =$ .... et $f(9) =$ ....

e. L'ordonnée du point de $\mathscr{C}_f$ d'abscisse 10 : ....

f. Un nombre dont l'image par f est négative : ....

g. Un nombre qui n'a pas d'antécédent par f : ....

h. Les coordonnées des points de $\mathscr{C}_f$ dont l'ordonnée est nulle : ....

i. Le signe des images $f(x)$ sur l'intervalle [9,5 ; 10] :

....

....

j. L'intervalle auquel appartient $f(x)$ lorsque x appartient à l'intervalle [7 ; 9] :

....

Exercice 4

Pour chaque question, une relation est proposée. Exprimer la variable demandée en fonction des autres variables. Les valeurs prises par les variables U, R, I, v, d, t, V, r et h sont toutes strictement positives.

1. La loi d'Ohm exprime la tension U aux bornes d'un dipôle en fonction de sa résistance R et de l'intensité I du courant qui le traverse : $U = R \times I$.

$I =$ .... et $R =$ ....

2. La vitesse moyenne v d'un véhicule parcourant une distance d pendant une durée de temps t est donnée par $v = \dfrac{d}{t}$.

$d =$ .... et $t =$ ....

3. Le volume V d'un cylindre de rayon de base r et de hauteur h est donné par $V = \pi r^2 h$.

$r =$ .... et $h =$ ....

4. Soit x et y deux réels tels que $2x - 5y = 7$.

$x =$ .... $y =$ ....

Traces de recherche

Atteindre les objectifs de l'année

Si besoin, consulter les fiches D, F et I (pp. 71, 75 et 78) et le schéma-bilan de la séquence (p. 15)

Exercice 5

On donne plusieurs expressions de la même fonction f définie sur $\mathbb{R}$.

Forme 1 : $f(x) = (2x - 5)(2x + 1)$ **Forme 2 :** $f(x) = 4x^2 - 8x - 5$

Forme 3 : $f(x) = 4(x - 1)^2 - 9$

1. Développer les deux formes 1 et 3, puis vérifier que l'on obtient la forme 2.

....

....

....

2. Dans chaque situation, choisir la forme la plus appropriée pour répondre à la question posée :

a. Calculer $f(0)$. ....

b. Calculer $f(2{,}5)$. ....

c. Calculer $f(\sqrt{2})$. ....

d. Calculer les antécédents de 0.

....

....

e. Calculer les antécédents de – 5.

....

....

f. Résoudre $f(x) = -9$.

....

....

g. Démontrer l'affirmation suivante : pour tout réel x, $f(x) \geqslant -9$.

....

....

3. Déduire de la question 2 les points d'intersection de la courbe de f :

a. avec l'axe des abscisses ; **b.** avec l'axe des ordonnées.

....

Exercice 6

Sur le graphique ci-contre, on a placé le point $A(x_A\ ;\ y_A)$ tel que $x_A > 0$ et $g(x_A) = 0$. Parmi les autres points placés sur le graphique, retrouver les points B, C, D, E et F sachant que :

- $B(x_B\ ;\ y_B)$ vérifie $x_B < 0$ et $f(x_B) = g(x_B)$;
- $C(x_C\ ;\ y_C)$ vérifie $x_C = 0$ et $y_C = g(x_C)$;
- $D(x_D\ ;\ y_D)$ vérifie $g(x_D) < y_D < f(x_D)$;
- $E(x_E\ ;\ y_E)$ vérifie $f(x_E) < y_E < 0$;
- $F(x_F\ ;\ y_F)$ vérifie $x_F > 0$ et $f(x_F) < y_F < g(x_F)$.

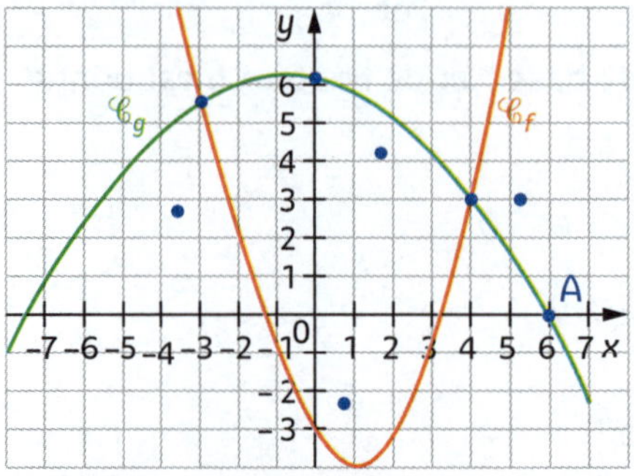

Traces de recherche

Relever des défis

Si besoin, consulter la fiche D (p. 71) et le schéma-bilan de la séquence (p. 15)

Défi 1

Soit h une fonction définie sur $\mathbb{R}$ par :

$h(x) = \dfrac{ax^2 - x + 5}{b + 6}$, a et b sont deux nombres réels.

Déterminer a et b sachant que :

$$h(-1) = h(2) \text{ et } h(0) = 0{,}5.$$

Traces de recherche et réponse

Défi 2

Soit f une fonction telle que pour tous nombres x et y, $f(x + y) = f(x) + f(y)$ et telle que l'image de 1 soit égale à 2.
Quelles sont les images des nombres 0 ; 100 et – 100 par f ?

Traces de recherche et réponse

Schéma-bilan de la séquence

<u>**Exemple**</u> **:** On considère la fonction f qui à un segment de longueur x (x variant entre 1 et 5) associe l'aire du carré de côté x.

- x prend ses valeurs dans l'intervalle [1 ; 5].
- 2 a pour image 4 par f.
- 2 est un antécédent de 4 par f.
- $f(x)$ est l'image de x par f.
- 4 est l'image de 2 par f.
- Le point A(2 ; 4) appartient à la courbe $\mathscr{C}_f$ de f.
- $f(2) = 4$

Lier calculs et lectures graphiques pour les fonctions

Expression algébrique de $f(x)$

On peut exprimer l'aire $f(x)$ en fonction de la longueur variable x.
f peut alors être définie par : $f(x) = x^2$.

Notation : $f : x \mapsto f(x) = x^2$

Programme de calcul

Choisir un nombre entre 1 et 5
Élever au carré
Afficher le résultat

Ce programme associe à un nombre compris entre 1 et 5 le carré de ce nombre.

Courbe de f : $\mathscr{C}_f$

On peut donner l'allure de la courbe en plaçant plusieurs points.

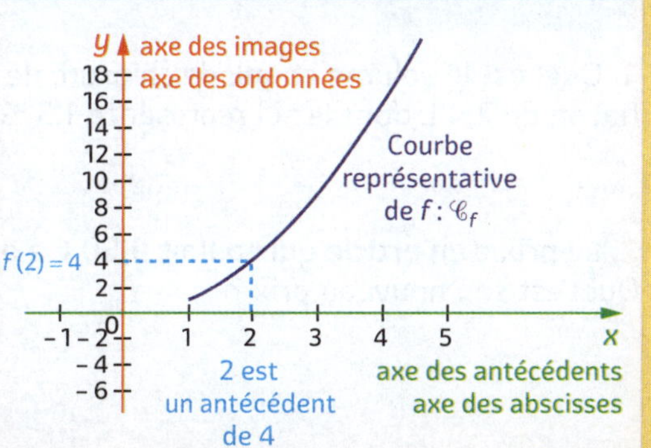

Tableau de valeurs

Nombre x	1	1,2	2	3,1	5
Image $f(x)$	1	1,44	4	9,61	25

$f(3{,}1) = 9{,}61$ et 1,2 est un antécédent de 1,44 par f.

SÉQUENCE 2

Utiliser la proportionnalité et les pourcentages

Automatismes de calcul (séance 1)

1 .... 2 .... 3 ....

Automatismes de calcul (séance 2)

1 .... 2 .... 3 ....

Automatismes de calcul (séance 3)

1 .... 2 .... 3 ....

Maîtriser les incontournables

Si besoin, consulter les fiches C, G et H (pp. 70, 76 et 77) et le schéma-bilan de la séquence (p. 19)

Exercice 1

Lors d'une transformation chimique dont l'équation de réaction est $C + O_2 \rightarrow CO_2$, 12 g de carbone (C) réagissent avec 18 g de dioxygène (O_2) pour produire 28 g de dioxyde de carbone (CO_2). Dans cette réaction, les masses de carbone et de dioxygène sont proportionnelles.

1. Quelle masse de carbone doit réagir avec 24 g de dioxygène ?

2. Quelle masse de dioxygène doit réagir avec 42 g de carbone ?

3. Calculer le pourcentage de perte de masse globale lorsque 12 g de carbone réagit avec 18 g de dioxygène. Arrondir le résultat au dixième.

Exercice 2

1. Quel est le volume en mL de chlorure de sodium (sel) contenu dans un flacon de 2,4 L dont le sel représente 1,5 % du volume total ?

2. Le prix d'un article qui coûtait 9,50 € a augmenté de 5 %. Quel est son nouveau prix ?

3. Après une réduction de 4 %, le prix d'un smartphone est 288 €. Calculer le prix initial de ce smartphone.

Traces de recherche

Exercice 3

Benjamin a acheté un article 12,6 € qui coûtait 12 € quelques jours plus tôt. Calculer le pourcentage d'augmentation.

....

....

....

....

....

....

....

Exercice 4

Pour chaque situation, répondre par vrai ou faux aux affirmations en italique et justifier les réponses.

Situation 1 : Une boîte de macarons coûte 25 €. *Si on augmente son prix de 5 % par an pendant deux ans, son nouveau prix sera 27,50 €.*

....

Situation 2 : *Si une boutique utilise en moyenne 4 kg de sucre par jour, elle utilisera environ $1{,}46 \times 10^6$ grammes de sucre en une année.*

....

Situation 3 : Lors d'une livraison de macarons en ville, un camion a parcouru 12,5 km en 12 minutes. En agglomération, la vitesse maximale autorisée est 50 km·h^{-1}. *Le livreur a respecté la limitation de vitesse durant tout son trajet.*

....

....

Exercice 5

L'énergie (E) consommée en wattheure (Wh) par différentes ampoules électriques en fonction de leur durée de fonctionnement (t) en heure est donnée par le graphique ci-contre.

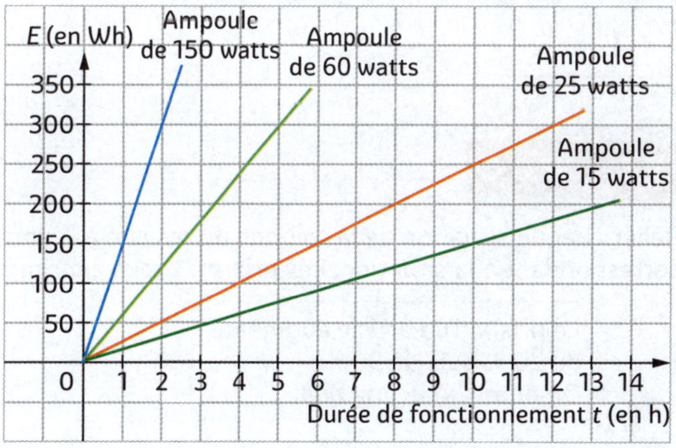

1. Pourquoi peut-on dire que l'énergie consommée est proportionnelle à la durée de fonctionnement de chacune de ces ampoules ?

....

....

....

2. Exprimer l'énergie E en fonction de t pour chacune de ces ampoules.

a. Ampoule 15 watts : $E_1(t) =$ .... **b.** Ampoule 25 watts : $E_2(t) =$ ....

c. Ampoule 60 watts : $E_3(t) =$ .... **d.** Ampoule 150 watts : $E_4(t) =$ ....

3. Calculer l'énergie consommée au bout de 10 h pour une ampoule de 150 watts.

....

4. Calculer la durée nécessaire à une ampoule de 25 watts pour consommer une énergie de 300 wattheures.

....

Traces de recherche

Atteindre les objectifs de l'année

Si besoin, consulter la fiche C (p. 70) et le schéma-bilan de la séquence (p. 19)

Exercice 6

Lors des soldes, Ludovic compare les trois étiquettes ci-contre. Il souhaite classer ces étiquettes de la plus faible remise en pourcentage à la plus forte. Quel sera l'ordre des étiquettes obtenu par Ludovic ?

❶	❷	❸
Valeur 120 € — SOLDÉ 105 €	Robe rouge 45 € — – 30 %	SOLDES **SOLDES** *SOLDES* — **25 €** **– 12,50 €**

Exercice 7

Hadrien veut mesurer la hauteur d'un mur mais il ne dispose que d'un mètre ruban. Il demande à un de ses amis (mesurant 1,70 m) de se placer à 15 m de ce mur. Hadrien se place au ras du sol de façon à ce que son œil soit aligné avec la tête de son ami et le sommet du mur. Il est alors à 2 m de son ami. Quelle est la hauteur du mur (en m) ?

Exercice 8

Relier chaque situation de la colonne de gauche à l'expression de f correspondant à la situation. Les prix sont tous exprimés en euro.

Le prix x d'un article augmente de 20 % puis de 30 %. On note $f(x)$ le prix final. •	• $f(x) = 1{,}035x$
Le prix x d'un article augmente de 15 % puis baisse de 10 %. On note $f(x)$ le prix final. •	• $f(x) = \frac{3}{7}x$
Le prix x d'un article baisse de 4 % puis de 16 %. On note $f(x)$ le prix final. •	• $f(x) = 1{,}56x$
f est la fonction linéaire telle que $f(56) = 24$. •	• $f(x) = 0{,}8064x$

Traces de recherche

Relever des défis

Si besoin, consulter la fiche C (p. 70) et le schéma-bilan de la séquence (p. 19)

Défi 1

Un vendeur de voiture (à un client) :
« Ne ratez pas cette superbe occasion ! Je peux vous faire bénéficier d'une remise de 5 % sur son prix hors taxes. »

Puis, voyant que le client hésite, il reprend :
« Je peux même faire mieux et vous proposer à la place une remise de 5 % sur le prix TTC (la TVA est de 20 %). »

Quelle est la meilleure proposition ?

Traces de recherche et réponse

Défi 2

Mattéo et Léa sont dans une station de ski à 1 600 m d'altitude, au pied des remonte-pentes. Mattéo prend le téléski (voir panneau ci-contre). La montée en téléski s'effectue sur 2,4 km, à la vitesse moyenne de 6 $km \cdot h^{-1}$. Léa emprunte le télésiège, qui atteint l'altitude 2 700 m, à la vitesse moyenne de 3 $m \cdot s^{-1}$.
Mattéo pense qu'il va plus haut et plus vite que Léa.
A-t-il raison ? (On prendra $\sqrt{34} \approx 6$.)

Traces de recherche et réponse

Schéma-bilan de la séquence

Utiliser la proportionnalité et les pourcentages

Tableau de proportionnalité

5	8	14	19
12	19,2	33,6	45,6

$\frac{12}{5} = \frac{19,2}{8} = \frac{33,6}{14} = \frac{45,6}{19} = 2,4$

Les quotients sont tous égaux donc c'est un tableau de proportionnalité de coefficient 2,4.

Égalité de quotients

$\frac{136,53}{x} = 123$ donc $x = \frac{136,53}{123} = 1,11$

Application de pourcentage

30 % de 200 :
$0,3 \times 200 = 60$

Lien avec les fonctions linéaires $f : x \mapsto mx$

Le prix x d'un article augmente de 20 %. On note $f(x)$ le prix final.
Donc $f(x) = 1,2x$.

Coefficient multiplicateur (CM)

Augmenter de p % : multiplier par $CM = 1 + \frac{p}{100}$.

Réduire de p % : multiplier par $CM = 1 - \frac{p}{100}$.

Réduire 70 € de 8 % : $CM = 1 - \frac{8}{100} = 0,92$.

$70 \times 0,92 = 64,4$ €. La valeur réduite est 64,4 €.

Taux d'évolution global

5 augmentations successives de 20 % correspondent à une augmentation globale de 149 % environ.
En effet, $CM = 1,2^5 = 2,48832$ donc $t = CM - 1 \approx 1,49$.

S'initier aux intervalles et aux valeurs absolues

Automatismes de calcul (séance 1)

1 ....

2 ....

3 ....

Automatismes de calcul (séance 2)

1 ....

2 ....

3 ....

Automatismes de calcul (séance 3)

1 ....

2 ....

3 ....

Maîtriser les incontournables

Si besoin, consulter les fiches A et K (pp. 68 et 80) et le schéma-bilan de la séquence (p. 23)

Exercice 1

Pour chaque affirmation, dire si elle est vraie ou fausse. Justifier la réponse.

a. Pour tout réel x, si $x \in]1\,;5[$, alors $x \in [1{,}1\,;4{,}9]$.

....

b. L'intervalle $[0\,;10[$ contient dix nombres entiers.

....

c. Les nombres x qui sont à la fois dans l'intervalle $]1\,;+\infty[$ et dans l'intervalle $]-2\,;+\infty[$ sont tous positifs.

....

d. Si x est un réel tel que $x \leqslant 3{,}5$ et $x \geqslant 1$, alors $x \in [3{,}5\,;1]$.

....

e. Si une valeur approchée de x au dixième est 2,9, alors $x \in [2{,}9\,;3]$.

....

Exercice 2

Dans chacun des cas suivants, préciser l'intervalle I tel que les inégalités vérifiées par le nombre x signifient exactement : $x \in$ I.

a. $x \geqslant 0$ si et seulement si $x \in$ ....

b. $x \leqslant 2$ et $x \geqslant -2$ si et seulement si $x \in$ ....

c. $x > 3$ et $x > 4$ si et seulement si $x \in$ ....

d. $x < 100$ et $x \geqslant 95$ si et seulement si $x \in$ ....

Traces de recherche

Exercice 3

Compléter le tableau suivant.

Intervalle I	Amplitude de I	Centre de I
[1 ; 1,7]	....	....
[73 ; 95[	....	....
$\left[-3 ; \frac{10}{3}\right]$	....	....

Exercice 4

Dans chaque cas, à l'aide de segment(s) et de crochets, représenter sur la droite graduée l'ensemble de nombres indiqué.

a. L'ensemble des nombres réels t tels que $t \geqslant -1$ et $t < 0{,}5$.

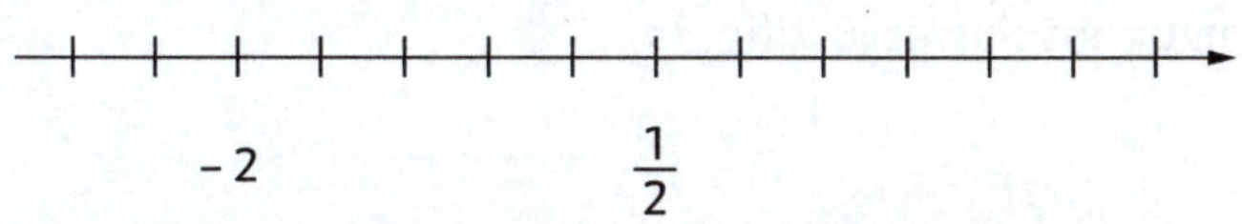

b. L'ensemble des réels x dont la distance à 2 est inférieure à 1.

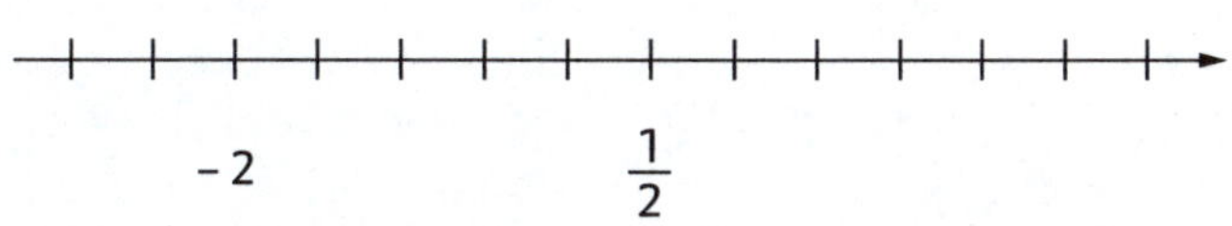

c. L'intervalle de centre $-\frac{1}{2}$ et d'amplitude 3, bornes comprises.

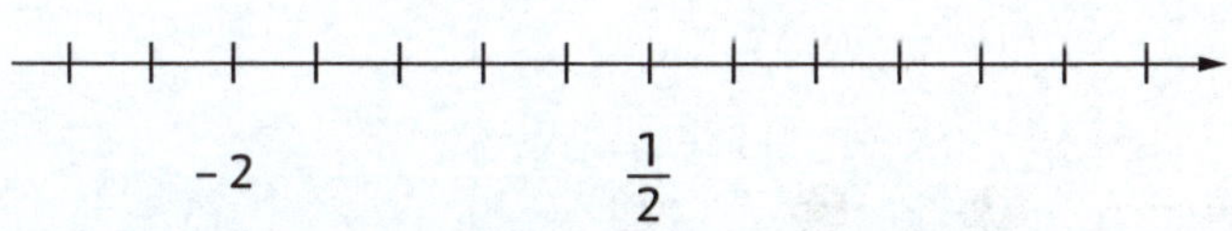

d. L'ensemble des réels x qui vérifient $-2 < x + 1 < 2$.

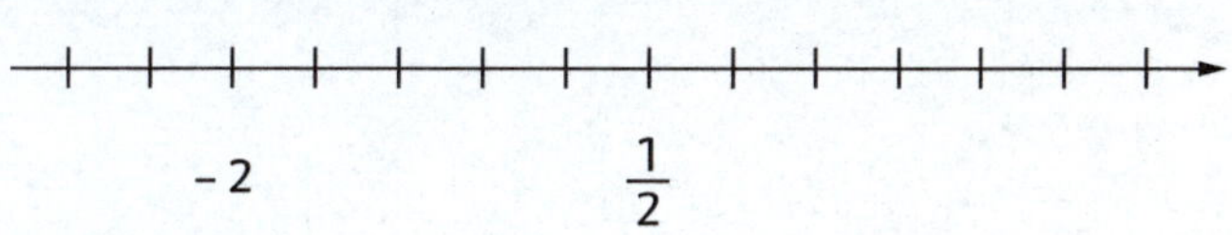

Exercice 5

On donne les encadrements suivants : $1{,}414 < \sqrt{2} < 1{,}415$ et $1{,}732 < \sqrt{3} < 1{,}733$.
À quel intervalle d'amplitude 0,002 le nombre $\sqrt{3} - \sqrt{2}$ appartient-il ?

....

....

....

....

....

....

Traces de recherche

S'initier aux intervalles et aux valeurs absolues

Atteindre les objectifs de l'année

Si besoin, consulter les fiches E et K (pp. 74 et 80) et le schéma-bilan de la séquence (p. 23)

Exercice 6

On pose : $I =]-\infty\ ;\ 2]$, $J =]0\ ;\ 5]$ et $K =]1\ ;\ 1\,000[$.
Relier les phrases équivalentes.

$x \in I \cup J$ •	• $x \in]-\infty\ ;\ 0] \cup [1\,000\ ;\ +\infty[$
$x \in J \cup K$ •	• $x \in]-\infty\ ;\ 5]$
$x \in I \cap K$ •	• $x \in]2\ ;\ 1\,000[$
$x \notin J \cup K$ •	• $x \in [1\,000\ ;\ +\infty[$
$x \notin I$ et $x \in K$ •	• $x \in]0\ ;\ 1\,000[$
$x \notin I \cup K$ •	• $x \in]1\ ;\ 2]$

Exercice 7

Écrire les nombres suivants sans le symbole de valeur absolue et justifier la réponse.

a. $\left|1 - \frac{17}{19}\right| =$ ....

b. $\left|\frac{1}{2} - \frac{\pi}{6}\right| =$ ....

c. $\left|3\sqrt{5} - 7\right| =$ ....

....

d. $|-4-x|$, où x est un nombre dans $[-1\ ;\ 0]$.

....

....

Exercice 8

1. Sur l'axe gradué ci-dessous, représenter :
a. les nombres réels x tels que $|x-1| \leqslant 2{,}5$;
b. les nombres réels x tels que $|x+1| < 1$.

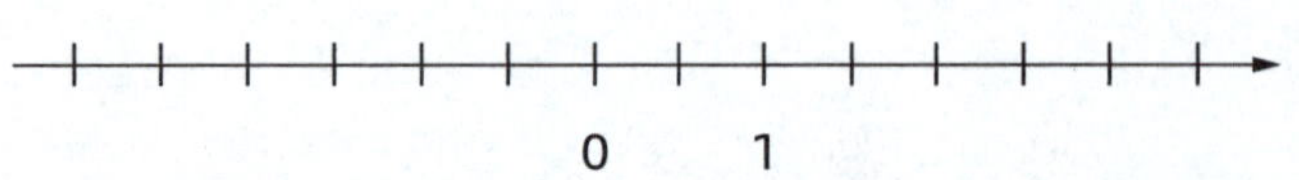

2. En déduire (donner les réponses à l'aide d'intervalles) :
a. l'ensemble des réels x tels que $|x-1| \leqslant 2{,}5$ et $|x+1| < 1$;

....

b. l'ensemble des réels x tels que $|x-1| \leqslant 2{,}5$ ou $|x+1| \geqslant 1$.

....

....

....

....

Traces de recherche

Relever des défis

Si besoin, consulter la fiche K (p. 80) et le schéma-bilan de la séquence (p. 23)

Défi 1

Alix, Bazile, Carmen et Maïa habitent la même rue. Bazile habite à 50 m du square, et sa maison est située entre celles d'Alix et de Carmen, à 200 m de celle d'Alix et à 300 m de celle de Carmen. Cette situation est partiellement modélisée ci-dessous par un axe gradué d'origine S (qui représente l'emplacement du square) où figurent les emplacements des maisons d'Alix et de Bazile (respectivement en A et B).

La maison de Maïa est plus près de celle d'Alix que de celle de Carmen et plus éloignée du square que de la maison de Bazile.

Soit d la distance (en m) entre les maisons de Maïa et de Carmen. Déterminer l'intervalle le plus précis possible auquel appartient le nombre d.

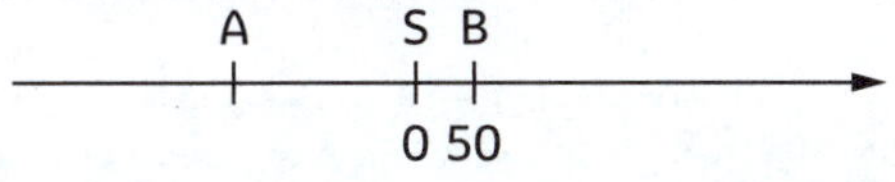

Traces de recherche et réponse

Défi 2

Soit a et b deux nombres réels.

1. En raisonnant en termes de distance, retrouver l'inégalité suivante (dite « inégalité triangulaire ») :

$$|a-b| \leqslant |a| + |b|$$

2. En déduire que pour tout nombre réel c, on a :

$$|a-b| \leqslant |a-c| + |c-b|$$

Traces de recherche et réponse

Schéma-bilan de la séquence

S'initier aux intervalles et aux valeurs absolues

Notations des intervalles

Le sens des crochets indique si une borne est dans l'intervalle ou non.

$[-3\,;7[$ est l'ensemble des réels x supérieurs à -3 et strictement inférieurs à 7.

$]-\infty\,;0]$ est l'ensemble des réels négatifs.

Distance entre deux nombres

Pour tous réels a et b, la distance entre a et b est égale à $|a-b|$

et $|a-b| = \begin{cases} a-b \text{ si } a \geqslant b \\ b-a \text{ si } b \geqslant a \end{cases}$

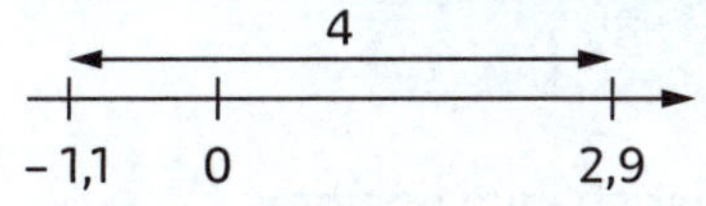

La distance entre $a = -1{,}1$ et $b = 2{,}9$ est égale à $|-1{,}1-2{,}9|$, soit $2{,}9-(-1{,}1)$, soit 4.

Valeur absolue d'un réel

Pour tout réel a,

$$|a| = \begin{cases} a \text{ si } a \text{ est positif } (a \geqslant 0) \\ -a \text{ si } a \text{ est négatif } (a \leqslant 0) \end{cases}$$

$|6| = 6$ car $6 \geqslant 0$

$|-6| = -(-6) = 6$ car $-6 \leqslant 0$

$|\pi - 3{,}14| = \pi - 3{,}14$ car $\pi > 3{,}14$ donc $\pi - 3{,}14 > 0$

Valeurs approchées d'un nombre

Un nombre $r > 0$ et un réel x étant donnés, un nombre a est une valeur approchée de x à r près si la distance entre a et x est inférieure à r, c'est-à-dire $|a-x| \leqslant r$.

Puisque $2{,}2^2 = 4{,}84$ et $2{,}3^2 = 5{,}29$, et puisque $4{,}84 < 5 < 5{,}29$, on peut en déduire que $|2{,}2-\sqrt{5}| \leqslant 0{,}1$ et que $|2{,}3-\sqrt{5}| \leqslant 0{,}1$.

Donc 2,2 et 2,3 sont des valeurs approchées de $\sqrt{5}$ à 0,1 près.

SÉQUENCE 4

Calculer avec les quotients

Automatismes de calcul (séance 1)

1 .... 2 .... 3 ....

Automatismes de calcul (séance 2)

1 .... 2 .... 3 ....

Automatismes de calcul (séance 3)

1 .... 2 .... 3 ....

Maîtriser les incontournables

Si besoin, consulter les fiches A et B (pp. 68 et 69) et le schéma-bilan de la séquence (p. 27)

Exercice 1

Les cinq nombres suivants sont-ils écrits sous forme de fraction irréductible ? Si non, les simplifier.

a. $\frac{4}{64}$ b. $\frac{3-6}{9+3}$ c. $\frac{7\times15}{3\times14}$ d. $\frac{46}{47}$ e. $\frac{-0{,}2\times9}{5\times6}$

Traces de recherche

Exercice 2

Relier chaque nombre de gauche à celui de droite auquel il est égal.

$\frac{5}{6}-\frac{2}{3}$	$-0{,}25$
$\left(1-\frac{1}{2}\right):\frac{9}{5}$	$\frac{5}{18}$
$-\frac{5}{3}+\frac{2}{3}+\frac{3}{4}$	$2\times\frac{9}{5}$
$\frac{1}{\frac{1}{6}}\times\frac{3}{5}$	$\frac{1}{6}$

Exercice 3

Dans la liste de sept nombres qui suit, entourer le seul qui est strictement inférieur à 1.

$\frac{3^2}{4}$ $\frac{1}{\frac{1}{2}}$ $\frac{17{,}1}{17{,}09}$ $\frac{-7}{-6}$ $\frac{3\pi}{10}$ $\frac{\frac{1}{2}}{\frac{1}{3}}$ $\frac{15}{7}-1$

Exercice 4

Aurélia veut préparer un cocktail. Dans un livre, elle lit : « Suivant la quantité de cocktail désirée, mélanger $\frac{1}{8}$ de sirop de grenadine, deux fois plus de jus de pêche que de sirop de grenadine et deux tiers de jus de mangue ».
Elle s'exclame alors : « Ce n'est pas possible ! ». Pourquoi a-t-elle raison ?

....

....

....

Exercice 5

On pose : $q=1+\frac{4}{3}\left(2-\frac{1}{2}\right)^2$.

1. Pour écrire q sous forme irréductible, il est préférable de commencer par (cocher la bonne réponse) :

☐ Calculer $1+\frac{4}{3}$.

☐ Développer $\left(2-\frac{1}{2}\right)\left(2-\frac{1}{2}\right)$.

☐ Calculer et écrire $2-\frac{1}{2}$ sous forme de fraction.

2. Montrer que q est un entier.

....

....

....

Exercice 6

Dans la liste des sept nombres ci-dessous, il y a trois paires de nombres égaux et un « orphelin », qui est le seul nombre différent des autres.
Retrouver les paires pour déterminer l'orphelin.

$\frac{-2{,}4}{-0{,}02}$; $-\frac{10\times2{,}4+24}{2}$; $\frac{24}{2}$; $-25\times2{,}4+2{,}4\times\frac{18}{1{,}2}$; $-\frac{2{,}4}{0{,}02}$; $\frac{2{,}4}{-\frac{1}{50}}$; 120.

....

....

....

....

Traces de recherche

Atteindre les objectifs de l'année

Si besoin, consulter les fiches A et B (pp. 68 et 69) et le schéma-bilan de la séquence (p. 27)

Exercice 7

Traces de recherche

Écrire les quotients suivants sous forme de fraction irréductible.

1. $\dfrac{20-8\times7}{8-7\times20}=$ ....

2. $\dfrac{2\times3^2\times5\times77}{330}=$ ....

3. $\dfrac{0,4\times0,15}{0,45}=$ ....

Exercice 8

On rappelle que la vitesse moyenne (en $km{\cdot}h^{-1}$) d'un mobile qui parcourt une distance d (en km) pendant une durée t (en h) est égale à $\dfrac{d}{t}$. Un motard parcourt 160 km à la vitesse moyenne de 110 $km{\cdot}h^{-1}$ puis 60 km à la vitesse moyenne de 90 $km{\cdot}h^{-1}$.

1. Calculer et écrire sous forme irréductible $\dfrac{160}{110}+\dfrac{60}{90}$.

....

2. Vrai ou faux ? « Sur la distance totale parcourue, la vitesse moyenne du motard est égale à 100 $km{\cdot}h^{-1}$ ». Justifier la réponse.

....

Exercice 9

Calculer et donner le résultat sous forme de fraction irréductible.

1. $\dfrac{19}{6}-\dfrac{7}{6}:\dfrac{2}{3}+1=$ ....

2. $4\times\dfrac{17}{8}:\dfrac{17}{8}-6\times\dfrac{6}{16}=$ ....

3. $\dfrac{2}{3}-\dfrac{2\times\dfrac{5}{6}}{3+\dfrac{1}{0,5}}=$ ....

Relever des défis

Si besoin, consulter les fiches A, B et I (pp. 68, 69 et 78) et le schéma-bilan de la séquence (p. 27)

Défi 1

Mon arrière grand-tante Tatie va très bien, merci. La preuve, la dernière fois que je lui ai demandé son âge, elle m'a répondu :

$$\frac{\dfrac{\frac{6}{11}+3}{4}-2\times\dfrac{6}{11}}{\dfrac{\frac{6}{11}+2}{544}-\dfrac{10}{816}\times\dfrac{6}{11}}.$$

Quel âge a Tatie ?

Traces de recherche et réponse

Défi 2

On étudie différents cas d'initialisation pour la variable u de l'algorithme ci-dessous.

$u \leftarrow \ldots$
Pour i allant de 1 à 3
  $u \leftarrow \dfrac{2u}{3-u}$
Fin Pour

1. À la fin de l'exécution de ces instructions, la valeur stockée dans la variable u est égale à 8. Quelle est la valeur stockée dans la variable u au début de l'exécution ?

2. On implémente cet algorithme sur machine. Quelles sont les valeurs de u qui font planter le programme ?

Traces de recherche et réponse

Schéma-bilan de la séquence

Opérations sur les quotients

k, a et b sont des nombres non nuls.

$$\frac{k\times a}{k\times b}=\frac{a}{b}$$

$$\frac{-18}{24}=\frac{6\times(-3)}{6\times4}=-\frac{3}{4}$$

Si, de plus, c et d sont non nuls, alors :

$$\frac{\frac{a}{b}}{\frac{c}{d}}=\frac{a}{b}\times\frac{d}{c}=\frac{ad}{bc}$$

$$\frac{\frac{-3}{4}}{\frac{2,5}{3}}=\frac{-3}{4}\times\frac{3}{2,5}=-\frac{9}{10}$$

Si, de plus, d est non nul, alors :

$$a\times\frac{c}{d}=\frac{a\times c}{d}$$

$$-2\times\frac{2,5}{3}=-\frac{5}{3}$$

Si, de plus, d est non nul, alors :

$$\frac{a}{b}\times\frac{c}{d}=\frac{ac}{bd}$$

$$\frac{-3}{4}\times\frac{7}{2}=-\frac{21}{8}$$

$$\frac{1}{\frac{a}{b}}=\frac{b}{a}$$

$$\frac{1}{\frac{-3}{4}}=-\frac{4}{3}$$

Si, de plus, d est non nul, alors :

$$\frac{a}{b}+\frac{c}{d}=\frac{ad+bc}{bd}$$

$$\frac{-3}{4}+\frac{2,5}{3}=\frac{1}{12}$$

Utiliser la distributivité

Automatismes de calcul (séance 1)

1 .... 2 .... 3 ....

Automatismes de calcul (séance 2)

1 .... 2 .... 3 ....

Automatismes de calcul (séance 3)

1 .... 2 .... 3 ....

Maîtriser les incontournables

Si besoin, consulter les fiches B et I (pp. 69 et 78) et le schéma-bilan de la séquence (p. 31)

Exercice 1

x, y et t désignent des nombres quelconques. Parmi les expressions notées de A à F, entourer celles qui sont écrites sous forme de produit et réduire les autres.

$A = 5x + \frac{3}{2}x$ $B = y(0,3y - 2)$ $C = (2t - 3)(-2 + 4t)$

$D = (2t - 3) - 2 + 4t$ $E = 2t - 3(-2 + 4t)$ $F = 2 \times x^2 - 3x \times x$

Exercice 2

Réduire les expressions suivantes (x est un nombre quelconque) :

a. $2 - 1,5x + x - 3 + 2 \times 5x - 7$ **b.** $1 - x^2 + 2x - \frac{3}{2}x^2 - 2$ **c.** $-\frac{4x-3}{2} + 1,64 - \pi$

Traces de recherche

Exercice 3

Dire si chacune des égalités suivantes est vraie pour tout nombre x.
Suivant le cas (faux ou vrai), on pourra tester ces égalités avec une valeur de x ou les écrire autrement.

a. $2(x+1)(x-2) = 2x^2 - 2x - 6$

b. $x + 2x(1-x) = x(3-2x)$

c. $-\frac{1}{2}x^2 - \frac{3}{2}x + 2 = \left(\frac{x}{2}+2\right)(1-x)$

d. $2x^2 + 5 = 4x + 5$

Exercice 4

Développer et réduire les expressions suivantes :

a. $5 - x(2x-3) - 6$

b. $(5-x)(2x-3-6)$

c. $(1{,}5t-2)(t+1) - 2\left(3t+\frac{1}{2}\right)$

Exercice 5

Factoriser les expressions et, si possible, simplifier chaque facteur.

a. $2y^2 - y$

b. $-2(1+3w) + w(1+3w)$

c. $2(t+3)(t-1) - (t-1)(t+1)$

d. $5(6-x)^2 - 2(6-x)$

Traces de recherche

Atteindre les objectifs de l'année

Si besoin, consulter les fiches A, B et I (pp. 68, 69 et 78) et le schéma-bilan de la séquence (p. 31)

Exercice 6

Développer et réduire les expressions suivantes (x est un nombre quelconque) :

a. $10(x^2-1)+(4-3x)(1+x)$ **b.** $7-(x+2)(8x-1)$ **c.** $(5-2(1-3x))\left(2-\frac{1}{2}x\right)$

....

....

....

....

....

....

....

Exercice 7

Factoriser l'expression suivante, puis développer et réduire le produit obtenu après factorisation (x est un nombre quelconque) :

$$(x-1)(x-1)(x-2)-(x-2)(x-2)(x-1).$$

....

Exercice 8

Dans le tableau ci-contre, la somme de chaque ligne, de chaque colonne et de chaque diagonale doit être égale à la même expression pour tout nombre x. Calculer les expressions qui doivent figurer dans les cases vides pour que ces conditions soient vérifiées.

$-2x+2$	....	$3(1-0{,}5x)$
....	....	....
$6{,}5x+19$	$-6(x+1)$	$9(x+2)-(2x-2)$

Exercice 9

Chacune des quatre expressions de gauche peut s'écrire sous la forme $\frac{P(x)}{Q(x)}$, après réduction au même dénominateur. La colonne de droite contient des expressions possibles de $P(x)$. Les relier aux expressions correspondantes (on suppose x différent de 0, de 1 et de – 1).

$1+x+\frac{1}{x}$ •	• $2x^2-x+1$
$\frac{x}{2}-\frac{4}{x}+1$ •	• x^2+x+1
$x-1+\frac{x+2}{x+1}$ •	• x^2-7
$\frac{x^2+x+1}{x^2+1}+\frac{2-x}{x-1}$ •	• x^2+2x-8

Traces de recherche

Relever des défis

Si besoin, consulter les fiches A, G et I (pp. 68, 76 et 78) et le schéma-bilan de la séquence (p. 31)

Défi 1

Soit $n \geqslant 2$ un entier et x un nombre réel.
On note S_n la somme $1 + x + ... + x^{n-1} + x^n$.

1. Simplifier :

a. $(x-1)(x^2+x+1)$

b. $(x-1)(x^3+x^2+x+1)$

2. Les résultats précédents donnent les écritures développées de $(x-1)S_2$ et de $(x-1)S_3$. En admettant que ce résultat se généralise à $(x-1)S_n$, calculer la somme :

$$1 + 2 + 4 + 8 + ... + 512 + 1\,024 + 2\,048.$$

Traces de recherche et réponse

Défi 2

Des deux nombres a et b suivants, lequel est le plus petit ?

$$a = \frac{1{,}000000001^2}{0{,}999999999} \qquad b = \frac{1{,}000000001}{0{,}999999999^2}$$

Traces de recherche et réponse

Schéma-bilan de la séquence

a, b, c, k et l sont des nombres quelconques

Utiliser la distributivité

Développer avec la double distributivité
$(k+l)(a+b) = ka + kb + la + lb$

$(8x-3)(5-x) = 8x \times 5 + 8x \times (-x) + (-3) \times 5 + (-3) \times (-x)$
$= 40x - 8x^2 - 15 + 3x = -8x^2 + 43x - 15$

Développer
$k(a+b) = ka + kb$
Produit → Somme

$7x(x-2) = 7x^2 - 14x$

Réduire, factoriser
$ka + kb = k(a+b)$
Somme → Produit

- $\frac{x}{2} - 2x = \left(\frac{1}{2} - 2\right)x = -\frac{3}{2}x$
- $4x^2 - 10x = 2x \times 2x - 2x \times 5$
  $= 2x(2x-5)$

Si b et d sont des nombres non nuls, alors : $\frac{a}{b} + \frac{c}{d} = \frac{ad+bc}{bd}$.

Pour tout x différent de -1 : $2 - \frac{x-1}{x+1} = \frac{2}{1} - \frac{x-1}{x+1} = \frac{2(x+1)-(x-1)}{x+1} = \frac{2x+2-x+1}{x+1} = \frac{x+3}{x+1}$

Lier puissances de 10 et conversions

Automatismes de calcul (séance 1)

1 ....
2 ....
3 ....

Automatismes de calcul (séance 2)

1 ....
2 ....
3 ....

Automatismes de calcul (séance 3)

1 ....
2 ....
3 ....

Maîtriser les incontournables

Si besoin, consulter les fiches G et H (pp. 76 et 77) et le schéma-bilan de la séquence (p. 35)

Exercice 1

Exprimer sous la forme d'une puissance de 10 :

a. 10 000 = ...
b. 10 millions : ....
c. un centième : ....
d. 1 Mo = ... octets
e. 0,000 01 = ...
f. $10^7 \times 10^2 =$ ....
g. $10^3 \times 10^{-2} \times 10 =$ ....
h. $(10^4)^7 =$ ....
i. $(10 \times 10)^{-2} =$ ....
j. $0{,}001^3 =$ ....

Exercice 2

1. Convertir en utilisant une puissance de 10 :

a. 10 hm = ... cm   b. 1 mm^2 = ... m^2 c. 1 m^3 = ... L

2. Compléter avec l'unité qui convient :

a. $32{,}156 \times 10^2$ m = 32 156 ....
b. $0{,}045 \times 10^6$ m^3 = 45 ....
c. $478{,}6 \times 10^{-2}$ dm^2 = 478,6 ....
d. 47×10^{-6} m^3 = 47 ....

Exercice 3

1. Calculer, en gramme, la somme de $8{,}6 \times 10^{-4}$ kg et de 9×10^2 g.

....

2. Calculer la valeur exacte, en m^3, du volume V d'un cône de hauteur $h = 3 \times 10^2$ cm et de rayon de base $r = 10^2$ dm. On rappelle que $V = \frac{1}{3}\pi r^2 h$.

....

Traces de recherche

Exercice 4

Écrire en notation scientifique les nombres suivants :

a. 478,59 = ...

b. 0,00347 = ...

c. 54×10^5 = ...

d. $0,03 \times 10^{14}$ = ...

e. $0,65 \times 10^{-4}$ = ...

Exercice 5

1. Convertir dans l'unité de temps indiquée en justifiant la réponse :

a. 1,5 h = ... h .... min car ....

b. 36 310 s = ... h .... min .... s ....

....

c. 7 h 12 min = ... h ....

2. Calculer et exprimer en heure minute seconde :

a. 2 h 30 min 27 s + 5 h 32 min 25 s = ...

....

b. 6 h 15 min 8 s – 4 h 24 min 12 s = ...

....

Exercice 6

Compléter les cases vides du tableau.

Vitesse *v*	Distance *d*	Durée *t*
70 km·h^{-1}	.... km	5 h
.... km·h^{-1}	360 km	3 h
9 m·s^{-1}	450 m	.... s
25 m·s^{-1}	.... m	2 min
.... m·s^{-1}	200 m	4×10^{-2} s
11 m·s^{-1}	1,1 km	.... s = ... min .... s

Exercice 7

Un verre de 33 cL contient 0,305 L d'eau. On y place trois glaçons cubiques, de 2 cm d'arête, sans que l'eau ne déborde du verre. Quand un glaçon fond, son volume diminue de 10 %. L'eau aura-t-elle débordé du verre après la fonte totale des glaçons ? (On pourra exprimer tous les volumes en cL.)

....

....

....

....

....

Traces de recherche

Atteindre les objectifs de l'année

Si besoin, consulter les fiches G et H (pp. 76 et 77) et le schéma-bilan de la séquence (p. 35)

Exercice 8

On donne le rayon et la masse de plusieurs planètes du système solaire.

Planète	Rayon moyen (en km)	Masse (en kg)
Jupiter	69 911	$18\,986 \times 10^{23} =$ ....
Terre	6 371	$5\,973{,}6 \times 10^{21} =$ ....
Mars	3 390	$64\,185 \times 10^{19} =$ ....
Mercure	2 439,7	$33{,}02 \times 10^{22} =$ ....

1. Écrire les masses de chaque planète en notation scientifique dans le tableau puis classer les planètes de la plus légère à la plus lourde.

....

....

2. Calculer un ordre de grandeur (en km³) du volume de la Terre.

(La Terre peut être assimilée à une boule et on donne : $\frac{4}{3} \times \pi \times 6{,}371^3 \approx 1\,083$.)

....

....

....

....

Exercice 9

Relier chaque question à la bonne réponse.

Un robinet a un débit de 18 $L \cdot min^{-1}$. Quel volume d'eau (en dL) s'écoule en 1 seconde ? •	• 32
Un fleuve a un débit de 850 $m^3 \cdot s^{-1}$. Quel volume d'eau (en kL) s'écoule en 1 heure ? •	• 3
La masse volumique de l'aluminium est 2 687,5 $kg \cdot m^{-3}$. Quel volume (en cm³) occupe 86 g de ce métal ? •	• $3{,}06 \times 10^6$

Exercice 10

Marie dit : « En termes de masse, un grain de sable est à une souris, ce qu'une souris est à un Airbus 380 ». Dire si l'affirmation de Marie est vraie ou fausse et justifier.

> Masse d'un grain de sable : 3×10^{-9} kg
> Masse d'une souris : 29 g
> Masse d'un Airbus A380 : 540 tonnes

....

....

....

....

Traces de recherche

Relever des défis

Si besoin, consulter les fiches G et H (pp. 76 et 77) et le schéma-bilan de la séquence (p. 35)

Défi 1

Une année-lumière (al) est la distance parcourue par la lumière dans le vide pendant une année : 1 al $\approx 9 \times 10^{15}$ m. La vitesse de la lumière dans le vide est à peu près égale à 3×10^{8} m/s.

1. Yanis a calculé que la lumière mettait 3 ans 333 jours pour parcourir 4 al. A-t-il raison ? (On considèrera qu'une année dure 365,25 jours et on utilisera : $\dfrac{100\,000}{26\,298} \approx 3{,}8$.)

2. La distance entre notre système solaire et le centre de notre Galaxie est d'environ 300 millions de milliards de kilomètres. Calculer cette distance en année-lumière en arrondissant à l'unité.

Traces de recherche et réponse

Défi 2

La maquette d'une maison parallélépipédique a une hauteur de 30 cm et une surface au sol d'aire 1,2 m². La maison réelle est un agrandissement de la maquette. Quelle est la hauteur réelle de la maison sachant que son volume réel est 2 880 m³ ?

Traces de recherche et réponse

Schéma-bilan de la séquence

Lier puissances de 10 et conversions

Utilisation des puissances de 10

n et *m* sont des entiers relatifs.

$10^n \times 10^m = 10^{n+m}$; $\dfrac{1}{10^n} = 10^{-n}$; $(10^n)^m = 10^{n \times m}$

Notation scientifique : $a \times 10^n$ avec a un nombre décimal tel que $1 \leqslant a < 10$.

$3 \times 10^8 \times 7 \times 10^{-2} = 21 \times 10^6 = 2{,}1 \times 10^7$

Conversions de durée

1 h = 60 min = 3 600 s

Attention 1,2 h ≠ 1 h 20 min.

1,2 = 1 + 0,2 et 0,2 × 60 = 12

Donc 1,2 h = 1 h 12 min

Pour convertir une grandeur composée (produit ou quotient), on convertit chacune des deux grandeurs si nécessaire (comme par exemple l'énergie $E = P \times t$ ou la vitesse $v = \dfrac{d}{t}$).

E = 1 kilowattheure
$= 1 \times 10^3 \times 3\,600 = 3{,}6 \times 10^6$ wattsecondes

Pour ajouter, soustraire, multiplier ou diviser des grandeurs de nature identique, il faut les écrire dans la même unité.

L'aire d'un rectangle de longueur 7 dm et de largeur 10 cm est égale à $70 \times 10 = 700$ cm² = 7 dm².

Décrire les variations d'une fonction

Automatismes de calcul (séance 1)

1 …… 2 …… 3 ……

Automatismes de calcul (séance 2)

1 …… 2 …… 3 ……

Automatismes de calcul (séance 3)

1 …… 2 …… 3 ……

Maîtriser les incontournables

Si besoin, consulter la fiche D (p. 72) et le schéma-bilan de la séquence (p. 39)

Exercice 1

Décrire les variations de chacune des fonctions affines dont on donne l'expression. Justifier la réponse.

1. a. $f(x) = 3x - 4$

b. Calculer $f(0)$ et $f(5)$. Les résultats sont-ils cohérents avec la question **1** ?

2. $g(x) = (3 - \pi)x + 4$

3. $h(x) = \dfrac{-2x + 3}{5}$

4. $k(x) = 1 - \pi$

5. $j(x) = -\dfrac{x}{15}$

Exercice 2

Vrai ou faux ? Cocher la bonne réponse sans chercher à justifier.

1. a. f est croissante sur $[-4 ; 1]$. Vrai ☐ Faux ☐

b. f est décroissante sur $[1,5 ; 2]$. Vrai ☐ Faux ☐

c. f est croissante sur $[-4 ; -2]$. Vrai ☐ Faux ☐

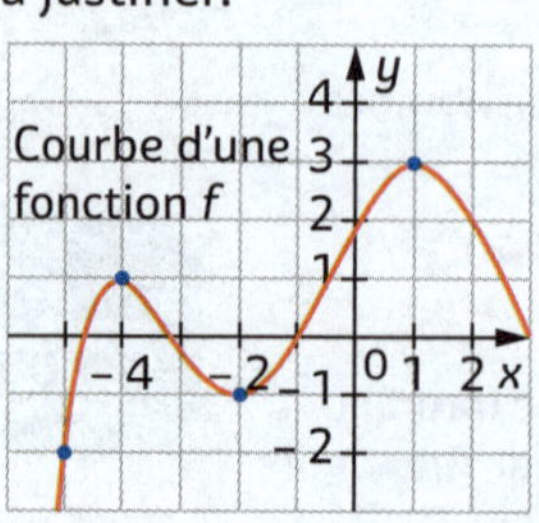

2. a. 1 est le maximum de f sur $[-5 ; 1]$.
Vrai ☐ Faux ☐

b. -2 est le minimum de f sur $[-5 ; 2]$.
Vrai ☐ Faux ☐

3. Le tableau de variation ci-contre est cohérent avec le graphique.
Vrai ☐ Faux ☐

x	-2		-1		1		2		3
$f(x)$	-5	↗	-2	↘	-1	↗	2	↘	0

Traces de recherche

Exercice 3

Répondre aux questions en utilisant le sens de variation de la fonction carré.

1. Comparer $3{,}45^2$ et $5{,}78^2$.

2. Comparer $(-7{,}142)^2$, $(-7{,}143)^2$ et $(-7{,}141)^2$.

3. Compléter : si $x \leqslant -3$; alors x^2 ……

Exercice 4

On donne ci-contre le tableau de variations d'une fonction f.

x	-5		-3		0		3		6
$f(x)$	-2	↗	5	↘	-3	↗	3	↘	1

Pour chaque affirmation, lorsque c'est possible, dire si elle est vraie ou fausse. Justifier la réponse.

1. $f(1) < f(2)$.
2. $f(-3) = 0$.
3. $f(-1) \geqslant f(2)$.
4. $f(4)$ est positif.
5. $f(-4{,}5)$ est négatif.
6. Le minimum de f sur $[-5\,;\,6]$ est -2.
7. Si $x \in [3\,;\,6]$, alors $f(x) \geqslant 0$.
8. $f(-2) = f(2)$.

Exercice 5

Répondre aux questions en utilisant le sens de variation de la fonction inverse.

1. Comparer $\frac{1}{2\pi}$; $\frac{1}{2+\pi}$ et $\frac{1}{3+\pi}$.

2. Comparer $\frac{1}{-2{,}5}$; $\frac{1}{-2{,}9}$ et $\frac{1}{-2{,}3}$.

3. Donner un encadrement de $\frac{1}{x}$ si $0{,}1 \leqslant x \leqslant \frac{4}{5}$.

Traces de recherche

Atteindre les objectifs de l'année

Si besoin, consulter la fiche D (p. 72) et le schéma-bilan de la séquence (p. 39)

Exercice 6

Relier chaque situation de gauche avec la ou les propositions correspondantes.

f est la fonction affine telle que : $f(1) = -2$ et $f(-2) = 7$.	La fonction f est constante.
f est une fonction affine et sa courbe représentative coupe l'axe des abscisses en $x = 4$ et l'axe des ordonnées en $y = 1{,}5$.	On ne peut rien dire sur les variations de f.
f est la fonction définie par : $f(x) = (x - 1)(x + 5) - x^2$.	f est décroissante.
f est la fonction affine telle que : $f(-4{,}5) = \sqrt{5}$ et $f(99) = \sqrt{5}$.	f a un maximum.
f est la fonction définie par : $f(x) = -3x^2 + 4$.	f est croissante.
f est une fonction définie sur $\mathbb{R}$. Son minimum est -2 et son maximum est 5.	f n'est pas monotone.

Exercice 7

f est la fonction définie par $f(x) = \dfrac{1}{x^2 + 3}$.

Soit a et b deux nombres positifs tels que $a \leqslant b$.

1. a. Compléter le raisonnement suivant :

$0 \leqslant a \leqslant b$ donc a^2 .... b^2 car ....

Donc $0 < a^2 + 3$ .... $b^2 + 3$ car ....

....

....

....

Donc $\dfrac{1}{b^2 + 3}$ .... $\dfrac{1}{a^2 + 3}$ car ....

b. Que vient-on de démontrer ?

....

....

2. Reprendre le même raisonnement pour deux nombres négatifs tels que $a < b$ et conclure.

....

....

....

....

....

Traces de recherche

Relever des défis

Si besoin, consulter les fiches A, D, E et I (pp. 68, 72, 74 et 78) et le schéma-bilan de la séquence (p. 39)

Défi 1

Soit a et b deux nombres réels positifs. Le nombre $\frac{a+b}{2}$ désigne la moyenne arithmétique de a et de b, et le nombre $\sqrt{ab}$ est leur moyenne géométrique.
Comparer ces deux moyennes.

Traces de recherche et réponse

Défi 2

f est la fonction définie par : $f(x) = \frac{1}{x^2 + 3}$.

1. Montrer que pour tous nombres a et b,

$$f(b) - f(a) = \frac{(a-b)(a+b)}{(b^2+3)(a^2+3)}.$$

2. En déduire le sens de variation de la fonction f sur $[0 ; +\infty[$, puis sur $]-\infty ; 0]$.

Traces de recherche et réponse

Schéma-bilan de la séquence

Décrire les variations d'une fonction

f est croissante sur un intervalle I si pour tous nombres a et b de I : $a \leqslant b$ implique $f(a) \leqslant f(b)$.

f est décroissante sur un intervalle I si pour tous nombres a et b de I : $a \leqslant b$ implique $f(a) \geqslant f(b)$.

Une **fonction affine** $x \mapsto mx + p$ est

croissante	décroissante	constante
si $m \geqslant 0$	si $m \leqslant 0$	si $m = 0$

Exemple : $x \mapsto -5x + 3$ est décroissante sur $\mathbb{R}$.

La **fonction racine carrée** est croissante sur $[0 ; +\infty[$.

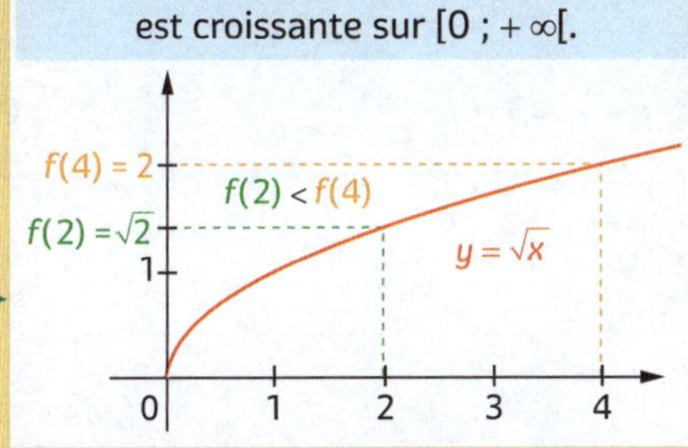

La **fonction inverse** est décroissante sur $]-\infty ; 0[$ et décroissante sur $]0 ; +\infty[$.

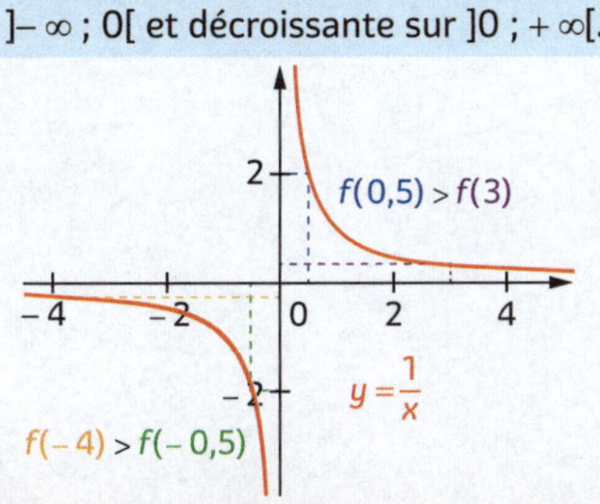

La **fonction carré** est décroissante sur $]-\infty ; 0]$ et croissante sur $[0 ; +\infty[$.

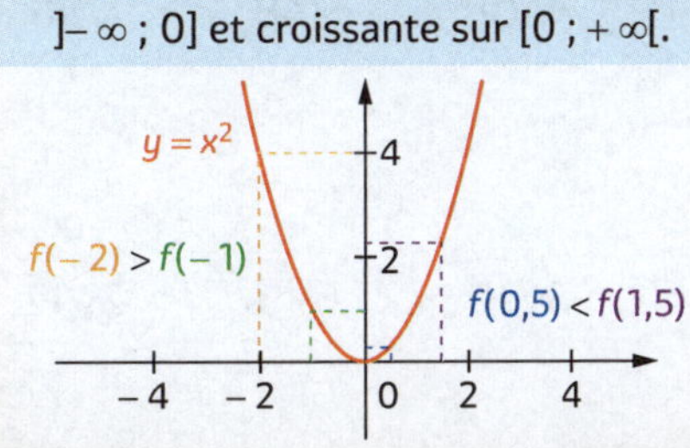

La **fonction cube** est croissante sur $\mathbb{R}$.

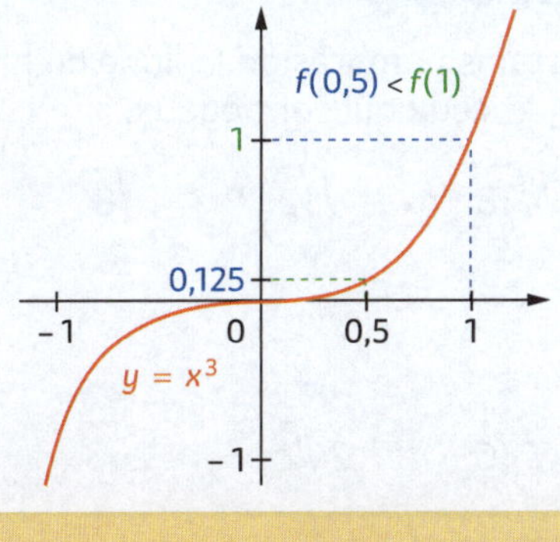

Calculer avec les racines carrées

Automatismes de calcul (séance 1)

1 ……… 2 ……… 3 ………

Automatismes de calcul (séance 2)

1 ……… 2 ……… 3 ………

Automatismes de calcul (séance 3)

1 ……… 2 ……… 3 ………

Maîtriser les incontournables

Si besoin, consulter les fiches E et G (pp. 74 et 76) et le schéma-bilan de la séquence (p. 43)

Exercice 1

Les nombres du tableau sont tous positifs ou nuls. Compléter ce tableau.

x	4	………	3	………	6	………	………	………	1,2	$\frac{2}{3}$	………
x^2	16	4	………	121	………	0	3^2	144	………	………	$\frac{25}{36}$

Exercice 2

Les nombres du tableau sont tous positifs ou nuls. Compléter ce tableau.

y	49	………	………	3	………	0,49	4,9	………	$\frac{1}{3}$	10^{-4}	π	x^2
$\sqrt{y}$	7	1	3	………	$\sqrt{10}$	………	………	$\sqrt{\frac{1}{4}}$	………	………	………	x

Exercice 3

Certains nombres de la ligne du haut sont égaux à ceux de la ligne du bas.
Relier ceux qui sont égaux.

$\sqrt{18}$ $\sqrt{12}$ $\sqrt{8}$ $\sqrt{42}$ $\sqrt{108}$ $\sqrt{48}$ $\sqrt{90}$

$7\sqrt{6}$ $2\sqrt{2}$ $2\sqrt{3}$ $3\sqrt{2}$ $3\sqrt{10}$ $6\sqrt{3}$ $2\sqrt{12}$

Traces de recherche

Exercice 4

Compléter les cases du tableau par une croix, sauf dans la dernière colonne où on écrira les nombres sans symbole $\sqrt{}$, si c'est possible.

	existe	n'existe pas	est un nombre positif	est un nombre négatif	est un décimal	n'est pas un décimal	Autre écriture
$\sqrt{4}$							....
$-\sqrt{2}$							....
$\sqrt{-9}$							....
$\sqrt{5^2}$							....
$(\sqrt{16})^2$							....
$-(\sqrt{10})^2$							....

Exercice 5

1. Démontrer que $\sqrt{117}+\sqrt{13}=\sqrt{208}$.

....

....

2. Dans un repère orthonormé (O ; I, J), on donne A(– 3 ; – 3), B(9 ; 5) et C(0 ; – 1). Calculer les longueurs AB, AC et BC et en déduire que les points A, B et C sont alignés.

....

....

....

....

Exercice 6

Dans chacune des listes ci-dessous, barrer le nombre différent des six autres.

a. $3(\sqrt{4})^2$; $(2\sqrt{3})^2$; $2(\sqrt{3})^2$; 12 ; $4(\sqrt{3})^2$; $2^2\times 3$; $(\sqrt{12})^2$.

b. $0{,}2\sqrt{5}$; $\dfrac{\sqrt{5}}{5}$; $\dfrac{1}{\sqrt{5}}$; $\sqrt{\dfrac{1}{5}}$; $\sqrt{\dfrac{5}{25}}$; $\dfrac{\sqrt{16+9}}{\sqrt{2+3}}$; $\dfrac{1}{5}\times\sqrt{5}$.

c. $\dfrac{\sqrt{112}}{2}$; $\sqrt{4}\times\sqrt{7}$; $\sqrt{2^2\times 7}$; $2\sqrt{7}$; $7\sqrt{2}$; $\sqrt{28}$; $\sqrt{2}\times\sqrt{14}$.

d. $\dfrac{\sqrt{45}}{3}$; $\dfrac{\sqrt{60}}{2}$; $\dfrac{5\sqrt{3}}{\sqrt{5}}$; $\sqrt{\dfrac{135}{9}}$; $\sqrt{10}\times\sqrt{\dfrac{3}{2}}$; $\sqrt{\dfrac{45}{3}}$; $2\sqrt{3{,}75}$.

Traces de recherche

Atteindre les objectifs de l'année

Si besoin, consulter les fiches A, B, E et G (pp. 68, 69, 74 et 76) et le schéma-bilan de la séquence (p. 43)

Exercice 7

Classer les nombres suivants dans l'ordre croissant (du plus petit au plus grand) en les écrivant d'abord sous la forme $a\sqrt{3}$, avec a rationnel :

$$\frac{1}{\sqrt{3}}\,;\ \frac{\sqrt{3}}{2}\,;\ \frac{1}{\sqrt{27}}\,;\ \frac{0{,}5}{\sqrt{12}}\,;\ \frac{2\sqrt{3}}{3}.$$

....

....

....

Exercice 8

1. Calculer la longueur de la diagonale d'un carré ABCD de côté a.

....

....

....

....

2. Démontrer que chaque hauteur d'un triangle équilatéral ABC de côté a a pour longueur $\frac{\sqrt{3}}{2}a$.

....

....

....

....

....

....

....

....

....

Exercice 9

Soit a et b deux nombres. On pose : $d = a^2 + 4b$.

1. « Le nombre $\sqrt{d}$ existe pour toute valeur de a et toute valeur de b. » Vrai ou faux ?

....

2. Calculer et écrire $\frac{b-\sqrt{d}}{4}$ sous la forme $p+q\sqrt{5}$ si $a = -2$ et si $b = 4$.

....

Traces de recherche

Relever des défis

Si besoin, consulter les fiches A et E (pp. 68 et 74) et le schéma-bilan de la séquence (p. 43)

Défi 1

1. Écrire $\dfrac{1}{5\sqrt{2}-3}$ sous la forme $p+q\sqrt{2}$.
2. Vérifier l'égalité suivante :
$$\left(-3+5\sqrt{2}\right)^2 = 59-30\sqrt{2}.$$
3. Calculer $\dfrac{1}{\sqrt{59-30\sqrt{2}}}$ (sous la forme $p+q\sqrt{2}$).

Traces de recherche et réponse

Défi 2

Adeline s'est mis en tête de calculer la valeur exacte du nombre suivant, noté Φ :

$$\ldots\sqrt{1+\sqrt{1+\sqrt{1+\sqrt{1+\sqrt{1}}}}}$$ (avec une infinité de $\sqrt{\ }$).

Elle observe la succession des racines carrées emboîtées et en déduit que $\Phi = \sqrt{1+\Phi}$.

En admettant que Φ est le seul nombre qui vérifie l'égalité précédente, démontrer alors : $\Phi = \dfrac{1+\sqrt{5}}{2}$.

Traces de recherche et réponse

Schéma-bilan de la séquence

Calculer avec les racines carrées

a, b et c sont des nombres positifs.

- $\sqrt{a}$ est un nombre positif.
  $\sqrt{(-1)^2} = 1$ et 1 est positif
- $\sqrt{a}\sqrt{b} = \sqrt{ab}$
  $\sqrt{8}\times\sqrt{2} = \sqrt{8\times 2} = 4$
- $\sqrt{a^2b} = a\sqrt{b}$
  $\sqrt{72} = \sqrt{6^2\times 2} = 6\sqrt{2}$
- Si, de plus, b est non nul, alors $\dfrac{1}{\sqrt{b}} = \dfrac{\sqrt{b}}{b}$.
  $\dfrac{1}{\sqrt{3}} = \dfrac{\sqrt{3}}{3}$
- Si, de plus, b est non nul, alors $\dfrac{\sqrt{a}}{\sqrt{b}} = \sqrt{\dfrac{a}{b}}$.
  $\dfrac{\sqrt{288}}{\sqrt{2}} = \sqrt{\dfrac{288}{2}} = \sqrt{144} = 12$
- L'expression conjuguée de $a+b\sqrt{c}$ est $a-b\sqrt{c}$.
  $\dfrac{1}{1+\sqrt{2}} = \dfrac{1-\sqrt{2}}{(1+\sqrt{2})(1-\sqrt{2})} = -1+\sqrt{2}$
- Si $a \geqslant 0$, et seulement à cette condition, alors $\sqrt{a^2} = \left(\sqrt{a}\right)^2 = a$.
  $\sqrt{0{,}1^2} = \left(\sqrt{0{,}1}\right)^2 = 0{,}1$
- En général, $\sqrt{a+b} \neq \sqrt{a}+\sqrt{b}$.
  $\sqrt{9+16} = 5$
  $\sqrt{9}+\sqrt{16} = 7$

Résoudre des équations et des inéquations

Automatismes de calcul (séance 1)

1 .... 2 .... 3 ....

Automatismes de calcul (séance 2)

1 .... 2 .... 3 ....

Automatismes de calcul (séance 3)

1 .... 2 .... 3 ....

Maîtriser les incontournables

Si besoin, consulter les fiches A, B et F (pp. 68, 69 et 75) et le schéma-bilan de la séquence (p. 47)

Exercice 1

Parmi les quatre nombres suivants : – 3 ; – 2 ; – 1 ; 0, lesquels sont solutions de l'une ou l'autre des équations **(1)**, **(2)** ou **(3)** ?

(1) $2(x+2)=x+1$ **(2)** $x(x+1)=x$ **(3)** $2(x+2)(x^2+1)=0$

....

Exercice 2

Résoudre les cinq équations suivantes d'inconnues x, s ou t :

a. $2x-4=0$ **b.** $4t-2=5$ **c.** $(x+3)(2x+1)=0$

d. $-\frac{3}{4}s+1=7$ **e.** $2(3t+1)=3(2t-2)$

....

Exercice 3

Dans un champ, des cowboys à pied encadrent un troupeau de vaches, tous étant normalement constitués. Il y a en tout 172 têtes et 674 pattes ou jambes.

1. Si x est le nombre de vaches du troupeau, quel est le nombre de cowboys ?

....

2. En déduire le nombre de vaches en résolvant une équation.

....

Traces de recherche

Exercice 4

Résoudre les trois inéquations suivantes puis, dans chaque cas, préciser si le nombre $\frac{10}{9}$ est solution :

a. $7x - 13 \geqslant 1$ **b.** $\frac{t}{3} + 2 < -5$ **c.** $x + 1 < 2x$

Exercice 5

Laila a un billet de 10 €. Elle veut acheter une baguette à 0,80 € et prendre autant de bonbons que possible, tous les bonbons étant au même prix : 0,15 €.

1. Si n est le nombre maximal de bonbons que Laila peut acheter, alors n est solution de *(cocher la ou les bonne(s) réponse(s))* :

- ☐ L'équation $0{,}95 + n = 10$
- ☐ L'inéquation $0{,}8 + 0{,}15n \leqslant 10$
- ☐ L'équation $0{,}95n = 10$
- ☐ L'inéquation $0{,}8 + 0{,}15n > 10$

2. Combien de bonbons Laila achètera-t-elle ?

Exercice 6

1. Résoudre l'inéquation $3 - 2x \geqslant 0$.

2. On rappelle que le carré d'un nombre est toujours supérieur ou égal à 0.

En déduire les solutions des inéquations : **a.** $\frac{3-2x}{1+x^2} \geqslant 0$; **b.** $-\frac{3-2x}{1+x^2} > 0$.

Traces de recherche

Résoudre des équations et des inéquations

Atteindre les objectifs de l'année

Si besoin, consulter les fiches A, B et F (pp. 68, 69 et 75) et le schéma-bilan de la séquence (p. 47)

Exercice 7

Résoudre les équations suivantes, d'inconnues x ou s :

a. $2(x-3)=x+4$

b. $10x+4=2(5x+2)$

c. $x(x+2)=x^2-3x$

d. $\frac{1}{2}s-\frac{3}{4}=\frac{s+1}{6}$

Exercice 8

Résoudre les inéquations suivantes :

a. $4x+5>1$

b. $3-2x \leqslant 2$

c. $\frac{x}{2}>2(x-1)$

Exercice 9

1. x étant un nombre quelconque, quel est le signe de $2+x^2$?

2. En déduire les solutions de l'inéquation $\frac{3-7x}{2+x^2} \geqslant 0$.

Exercice 10

On donne ci-contre le tableau de signes d'une fonction f définie sur $\mathbb{R}$.

x	$-\infty$		-4		$\frac{13}{4}$		$+\infty$
$f(x)$		+	0	+	0	−	

1. Les affirmations suivantes sont-elles vraies ou fausses ?

a. -2 est solution de l'inéquation $f(x)<0$.

b. Si $3 \leqslant x \leqslant 4$, alors x est solution de l'inéquation $f(x) \geqslant 0$.

2. Résoudre l'inéquation $f(x)>0$.

Traces de recherche

Relever des défis

Si besoin, consulter les fiches A, B et F (pp. 68, 69 et 75) et le schéma-bilan de la séquence (p. 47).

Défi 1

1. On a représenté en rouge les solutions de l'inéquation $2x + 3 \geqslant 0$ et en vert celles de l'inéquation $-3x + 2 \geqslant 0$.

En déduire les solutions de l'inéquation :

$$(2x + 3)(-3x + 2) \leqslant 0.$$

2. En utilisant la méthode précédente trouver tous les entiers n tels que $(4n + 7)(5n - 11)$ soit négatif.

Traces de recherche et réponse

Défi 2

1. a et b étant deux nombres fixés, vérifier que, pour tout x, $(x - a)(x - b) = x^2 - (a + b)x + ab$.

2. a. Soit l'équation $x^2 - 2x - 3 = 0$. Vérifier que -1 est solution de cette équation puis, à l'aide de la question **1**, en déduire l'autre solution de cette équation.

b. Résoudre l'équation $x^2 - 17x + 66 = 0$.

3. En utilisant ce qui précède, résoudre l'inéquation $x^2 \leqslant 17x - 66$. (On pourra utiliser la méthode du défi 1.)

Traces de recherche et réponse

Schéma-bilan de la séquence

Équations et inéquations

Inégalités et opérations

Parmi les opérations élémentaires (+, –, ×, **:**) seules la multiplication et la division par un nombre strictement négatif changent le sens des inégalités.

$-2x + 8 \geqslant 1$ équivaut à

$-2x + 8 - 8 \geqslant 1 - 8$

soit à $-2x \geqslant -7$,

soit à $\dfrac{-2x}{-2} \leqslant \dfrac{-7}{-2}$.

$-2x + 8 \geqslant 1$ a donc pour solutions les nombres x tels que $x \leqslant \dfrac{7}{2}$.

Tester une solution éventuelle

On substitue la solution éventuelle à l'inconnue.

$4x - 5 = 3$; 3 n'est pas solution car $4 \times 3 - 5 \neq 3$.

$4 - 5x > 0$; -1 est solution car $4 - 5 \times (-1) = 9 > 0$.

Dresser et utiliser un tableau de signes

$2 - 4x > 0$ si $x < \dfrac{1}{2}$; $2 - 4x = 0$ si $x = \dfrac{1}{2}$; $2 - 4x < 0$ si $x > \dfrac{1}{2}$.

Le tableau ci-contre résume ces informations.

x	$-\infty$		$\frac{1}{2}$		$+\infty$
$2 - 4x$		+	0	–	

Utiliser des égalités remarquables

Automatismes de calcul (séance 1)

1 ....

2 ....

3 ....

Automatismes de calcul (séance 2)

1 ....

2 ....

3 ....

Automatismes de calcul (séance 3)

1 ....

2 ....

3 ....

Maîtriser les incontournables

Si besoin, consulter les fiches B, E et I (pp. 69, 74 et 78) et le schéma-bilan de la séquence (p. 51)

Exercice 1

Chacune des six expressions ci-dessous peut s'écrire sous l'une des trois formes suivantes :

Forme 1 : $a^2 - 2ab + b^2$ ou $a^2 + 2ab + b^2$ **Forme 2 :** $a^2 - b^2$

Forme 3 : $a^2 + b^2$.

Écrire le numéro de la forme correspondante en justifiant la réponse :

a. $9x^2 + 4$: forme n° ...... car ....

b. $x^2 - 10x + 25$: forme n° ...... car ....

c. $1 - 4x^2$: forme n° ...... car ....

d. $36x^2 - 9$: forme n° ...... car ....

e. $4x^2 + 40x + 100$: forme n° ...... car ....

....

f. $(2x + 5)^2 - (-16)$: forme n° ...... car ....

....

Exercice 2

Relier chaque expression de la ligne du haut à sa forme développée dans la ligne du bas.

$(2x-1)^2$	$(-x+2)^2$	$1+2x(x-2)$	$(2x-1)(2x+1)$	
x^2-4x+4	$4x^2-1$	$4x^2-4x+1$	$16-x^2$	$2x^2-4x+1$

Traces de recherche

Exercice 3

Développer et réduire (x, t et s sont des nombres quelconques) :

a. $(7x - 1)^2 =$ ....

b. $(4 - 3t)(4 + 3t) =$ ....

c. $(3s + 2)(2s - 3) =$ ....

d. $7(x - 1)^2 =$ ....

Exercice 4

ABCD est un carré de côté 12 décomposé en quadrilatères numérotés de 1 à 9, qui sont tous des carrés ou des rectangles.

Le codage sur la figure indique plusieurs segments de même longueur x, où $x \in]0 ; 6[$.

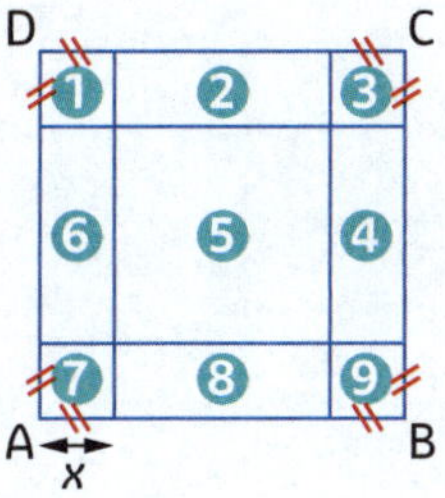

1. Lequel de ces quadrilatères a pour aire $(12 - 2x)^2$? Développer cette expression.

....

2. Vérifier par le calcul que : $(12 - 2x)^2 + 4x(12 - 2x) = 12^2 - 4x^2$.

....

3. L'égalité $a^2 - b^2 = (a - b)^2$ est-elle vraie en général ? Justifier la réponse. (On pourra utiliser la figure ou utiliser des valeurs numériques.)

....

Exercice 5

Le nombre x est quelconque dans chaque cas.
Factoriser les expressions suivantes en utilisant une égalité remarquable.
Contrôler le résultat obtenu avec une valeur particulière de x.

a. $x^2 + 10x + 25 =$ ....

b. $64x^2 - 25 =$ ....

c. $(x - 2)^2 - 9 =$ ....

d. $25x^2 - 10x + 1 =$ ....

Traces de recherche

Utiliser des égalités remarquables

Atteindre les objectifs de l'année

Si besoin, consulter les fiches B, F et I (pp. 69, 75 et 78) et le schéma-bilan de la séquence (p. 51)

Exercice 6

Entourer les expressions qui sont des produits, puis les développer.
Factoriser ensuite les autres expressions.

a. $(2x-1)^2 =$ ....

b. $(1-2x)^2-4 =$ ....

....

c. $\left(\frac{1}{2}x-5\right)(6x+2) =$ ....

....

d. $(x+1)^2-2(x+1) =$ ....

e. $4x^2-(3-x)^2 =$ ....

....

Exercice 7

Résoudre les équations suivantes après avoir factorisé :

a. $(3x-2)^2-1=0$ ....

....

....

b. $\frac{x^2}{4}+x+1=0$ ....

....

c. $100x^2-(x+1)^2=0$ ....

....

....

d. $(2x-3)^2-2x=-3$ ....

....

....

....

Exercice 8

On rappelle que pour tout nombre $x \geqslant 0$, $\left(\sqrt{x}\right)^2 = x$.
On pose : $a=1+\sqrt{3}$ et $b=1-\sqrt{3}$.

1. Calculer les cinq nombres suivants, puis entourer ceux qui sont entiers.

a. $a^2 =$ .... b. $ab =$ ....

c. $a-b =$ .... d. $b^2 =$ ....

e. $a+b =$ ....

2. Calculer $a^2-2ab+b^2$.

....

....

Traces de recherche

Relever des défis

Si besoin, consulter les fiches A et I (pp. 68 et 78) et le schéma-bilan de la séquence (p. 51)

Défi 1

1. Soit a et x deux nombres.

Vérifier que $x^2 + ax = \left(x + \dfrac{a}{2}\right)^2 - \dfrac{a^2}{4}$.

2. a. En appliquant le résultat précédent à $x^2 - 2x$, factoriser $x^2 - 2x - 15$.

b. Factoriser $x^2 - 7x + 12$.

Traces de recherche et réponse

Défi 2

Comparer les expressions $4(x+1) - \dfrac{3x^2 + 8x + 5}{x+1}$ et $x - 1$ suivant les valeurs de x.

Traces de recherche et réponse

Schéma-bilan de la séquence

a, b et x sont des nombres quelconques.

Utiliser des égalités remarquables

Développer

$(a+b)^2 = a^2 + 2ab + b^2$

$(a-b)^2 = a^2 - 2ab + b^2$

$(3x-2)^2 = (3x)^2 - 2 \times 3x \times 2 + 2^2$
$= 9x^2 - 12x + 4$

Factoriser

$a^2 + 2ab + b^2 = (a+b)^2$

$a^2 - 2ab + b^2 = (a-b)^2$

$25x^2 + 30x + 9 = (5x)^2 + 2 \times 5x \times 3 + 3^2$
$= (5x+3)^2$

Développer

$(a+b)(a-b) = a^2 - b^2$

$(3x-2)(3x+2) = (3x)^2 - 2^2$
$= 9x^2 - 4$

Factoriser

$a^2 - b^2 = (a-b)(a+b)$

$(x+5)^2 - 16 = (x+5)^2 - 4^2 = (x+5-4)(x+5+4)$
$= (x+1)(x+9)$

SÉQUENCE 11

S'initier aux taux d'évolution

Automatismes de calcul (séance 1)

1 .... 2 .... 3 ....

Automatismes de calcul (séance 2)

1 .... 2 .... 3 ....

Automatismes de calcul (séance 3)

1 .... 2 .... 3 ....

Maîtriser les incontournables

Si besoin, consulter les fiches A et C (pp. 68 et 70) et le schéma-bilan de la séquence (p. 55)

Dans tous les exercices, on arrondira les résultats au centième.

Exercice 1

☐ 🙂 ☐ 😐 ☐ 🙁

La masse d'un bébé de 3 kg augmente de 10 % tous les mois.

1. Calculer sa masse le premier mois, puis le deuxième et le troisième.

....

....

....

....

2. Est-il vrai que la masse du bébé a augmenté de 30 % en trois mois ? Justifier la réponse.

....

....

....

....

....

Exercice 2

☐ 🙂 ☐ 😐 ☐ 🙁

En 2018, 558 000 enfants dans le monde étaient atteints de diabète de type 1. Des études depuis les vingt dernières années montrent que le nombre d'enfants diabétiques augmente au rythme de 3 % par an. À partir de combien d'années le nombre d'enfants atteints de ce diabète dépassera-t-il 600 000 ?

....

....

....

....

....

....

....

....

Traces de recherche

Exercice 3

En 2019, la boulangerie-pâtisserie *L'ellipse des pains* a augmenté ses ventes de 10 %. En 2020, elle a diminué ses ventes de 5 %.
Calculer le taux d'évolution des ventes sur les deux années.

....

....

....

....

....

....

....

....

....

Traces de recherche

Exercice 4

Compléter le tableau ci-dessous : une augmentation est signalée par le signe + et une réduction par le signe –.

Valeur initiale V_0	Taux d'évolution t	Coefficient multiplicateur $1 + t$	Taux d'évolution réciproque t'	Valeur finale V_1
230	+ 20 %	$1 + 0{,}2 = 1{,}2$	$\frac{1}{1{,}2} - 1 \approx - 0{,}17$	$230 \times 1{,}2 = 276$
180	– 35 %	....	....	....
550	....	1,15	....	....
....	....	0,81	....	1 215
1 300	....	....	....	455
250	....	....	0,4	....

Exercice 5

Relier les évolutions équivalentes :

Augmentation de 30 % suivie d'une augmentation de 20 % •	• Augmentation de 50 %
Réduction de 40 % suivie d'une augmentation de 150 % •	• Réduction de 6,25 % suivie d'une réduction de 40 %
Deux réductions successives de 25 % •	• Augmentation de 56 %
Deux augmentations successives de 25 % •	• Augmentation de 56,25 %

Atteindre les objectifs de l'année

Si besoin, consulter les fiches A, C et E (pp. 68, 70 et 74) et le schéma-bilan de la séquence (p. 55)

Dans tous les exercices, on arrondira les résultats au centième.

Exercice 6

Un magasin a des ventes en diminution de 20 % entre 2018 et 2019.
Quel devrait être le taux d'évolution de 2019 à 2020 pour que les ventes retrouvent leur valeur initiale ?

Exercice 7

Pour chacune des affirmations, dire si elle est vraie ou fausse en justifiant la réponse.

Affirmation 1 Si une quantité q augmente de 60 %, il suffit de réduire de 37,5 % la quantité obtenue après augmentation pour retrouver la valeur initiale q.

Affirmation 2 Une quantité q subit une augmentation de 30 %. Il faut appliquer une réduction de 30 % pour retrouver la valeur initiale q.

Exercice 8

Le taux de réduction global du budget d'une association de 2020 à 2022 est de 36 %. En supposant que le budget a suivi la même évolution de 2020 à 2021 puis de 2021 à 2022, calculer le taux d'évolution annuel de 2020 à 2021.

Traces de recherche

Relever des défis

Si besoin, consulter les fiches C, E et G (pp. 70, 74 et 76) et le schéma-bilan de la séquence (p. 55)

Défi 1

Au cours de quatre années successives, le prix d'un objet a augmenté d'abord de 5 %, puis de 3 % puis de 12 % et enfin de 9 %. Si ce même prix avait subi une augmentation constante de t % chaque année, quelle aurait été la valeur de t (au dixième près) ? (On utilisera : $1{,}072^4 \approx 1{,}32$.)

Traces de recherche et réponse

Défi 2

L'Établissement Français du sang (EFS) a constaté qu'en 2014 les dons de sang s'élevaient à 2 475 milliers et en 2016, à 2 574 990. En supposant que le taux d'évolution des dons est constant chaque année, combien de dons de sang, au millier près, l'EFS peut-il espérer collecter en 2020 ?
(On utilisera : $1{,}02^2 = 1{,}0404$ et $1{,}0404 \approx 1{,}04$.)

Traces de recherche et réponse

Schéma-bilan de la séquence

S'initier aux taux d'évolution

Calcul du taux d'évolution

Une valeur initiale V_0 subit une évolution et la valeur finale est V_1.

Le taux d'évolution t vérifie : $t = \dfrac{V_1 - V_0}{V_0}$ et $1 + t = \dfrac{V_1}{V_0}$.

Si $V_0 = 110$ et $V_1 = 121$, $t = \dfrac{121 - 110}{110} = \dfrac{11}{110} = 0{,}1$.

L'augmentation est de 10 %.

Coefficients multiplicateurs et évolution réciproque

Une valeur initiale V_0 subit une évolution et la valeur finale est V_1. L'évolution qui permet de passer de V_1 à V_0 est appelée **évolution réciproque**.

$CM = 1 + t = \dfrac{V_1}{V_0}$; $V_0 \xrightarrow{\times CM} V_1$; $V_1 \xrightarrow{\times CM'} V_0$; $CM' = \dfrac{1}{CM} = \dfrac{V_0}{V_1}$; $t' = CM' - 1$

Une augmentation de 25 % est compensée par une réduction de 20 %. En effet, $t = 0{,}25$.
$CM = 1 + 0{,}25 = 1{,}25$. D'où $t' = CM' - 1 = 0{,}8 - 1 = -0{,}2$.

Une augmentation de p % suivie d'une réduction de p % ne se compensent pas

Augmentation de 20 % suivie d'une réduction de 20 % :
$0{,}8 \times 1{,}2 = 0{,}96$
soit une réduction de 4 %.

Évolutions successives

3 évolutions successives de 20 % correspondent à une augmentation globale de 72,8 % **et non 60 %**.

$1{,}2 \times 1{,}2 \times 1{,}2 = 1{,}728 \neq 1{,}6$

SÉQUENCE 12

Résoudre des systèmes d'équations

Automatismes de calcul (séance 1)

1 ……………… 2 ……………… 3 ………………

Automatismes de calcul (séance 2)

1 ……………… 2 ……………… 3 ………………

Automatismes de calcul (séance 3)

1 ……………… 2 ……………… 3 ………………

Maîtriser les incontournables

Si besoin, consulter la fiche J (p. 79) et le schéma-bilan de la séquence (p. 59)

Exercice 1

On se donne deux nombres a et b. On pose : $A = 2a + 3b$ et $B = -a + 3b$.

1. Calculer A et B si $a = 5$ et $b = -2$.

………………………………………………

………………………………………………

2. Dans le cas général, $A + B = 2a + 3b - a + 3b = a + 6b$.
De même, exprimer $A + 2B$ et $A - B$ en fonction de a et de b.

………………………………………………

………………………………………………

………………………………………………

Exercice 2

Parmi les couples de nombres suivants, certains sont solutions des systèmes proposés dans le tableau. Placer dans les cases vides les couples qui sont solutions de chaque système.

$$(0\ ;0), (3\ ;1{,}5), (3\ ;2), (4\ ;3), (-12\ ;-9), (3\ ;3), \left(\frac{\sqrt{2}}{3}\ ;\frac{\sqrt{2}}{4}\right).$$

$\begin{cases} x = 3 \\ 2y - x = 0 \end{cases}$	$\begin{cases} x + 2y = 0 \\ y - 2x = 0 \end{cases}$	$\begin{cases} -1{,}5x + 2y = 0 \\ -6x + 8y = 0 \end{cases}$	$\begin{cases} -3x + 4y = 0 \\ x - \frac{4}{3}y = -1 \end{cases}$
……… ……… ………	……… ……… ………	……… ……… ………	……… ……… ………

Traces de recherche

Exercice 3

Vrai ou faux ? « On ne peut pas trouver deux nombres dont la somme est égale à – 200 et dont la différence est égale à 100. » Justifier la réponse.

Exercice 4

1. Résoudre le système $\begin{cases} -2x + y = 7 \\ 3x - 2y = 9 \end{cases}$ par substitution.

2. Résoudre le même système par combinaison.

Exercice 5

Soit f la fonction affine définie par $f(x) = -2x + 9$ et g la fonction linéaire définie par $g(x) = 4x$. On note (d) la droite qui représente f et (d') la droite qui représente g dans un repère. En résolvant un système, montrer que (d) et (d') sont sécantes et calculer les coordonnées de leur point d'intersection.

Exercice 6

Soit $f : x \mapsto ax + b$ la fonction affine telle que $f(2) = -2$ et $f(-5) = 10$. Calculer a et b.

Traces de recherche

Atteindre les objectifs de l'année

Si besoin, consulter la fiche J (p. 79) et le schéma-bilan de la séquence (p. 59)

Exercice 7

Quelle méthode paraît la plus adaptée pour résoudre le système $\begin{cases} -2x+3y=7 \\ 3x-2y=9 \end{cases}$?
Résoudre le système.

Exercice 8

Relier les systèmes de la ligne du haut aux systèmes de la ligne du bas si et seulement s'ils ont le même ensemble de solutions.

$\begin{cases} x-y=0 \\ 2x-2y=0 \end{cases}$ $\begin{cases} 2y+6x-4=0 \\ 2x+y=1 \end{cases}$ $\begin{cases} 6x-y=0 \\ 12x-2y=1 \end{cases}$ $\begin{cases} 6x=y \\ x=1 \end{cases}$ $\begin{cases} x=2x \\ \frac{x}{2}=\sqrt{2}y \end{cases}$

$\begin{cases} x+y=0 \\ x-y=0 \end{cases}$ $\begin{cases} 2x+6y=4 \\ 2y+x=1 \end{cases}$ $\begin{cases} y=4x+2 \\ x=y-5 \end{cases}$ $\begin{cases} x+y=1 \\ x=2-y \end{cases}$ $\begin{cases} 2x=2y \\ x=y \end{cases}$

Exercice 9

Résoudre graphiquement puis algébriquement les deux systèmes suivants :

$$\begin{cases} y=-5x+3 \\ y=7x-2 \end{cases} \quad \text{et} \quad \begin{cases} 5x+y=3 \\ \frac{1}{2}x-y=-2 \end{cases}$$

Traces de recherche

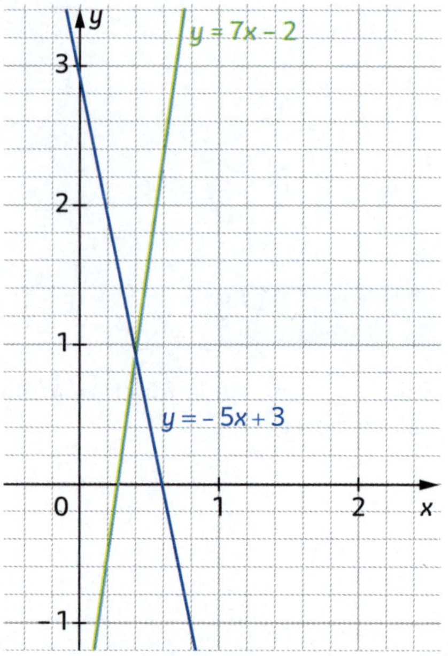

Releuer des défis

Si besoin, consulter la fiche J (p. 79) et le schéma-bilan de la séquence (p. 59)

Défi 1

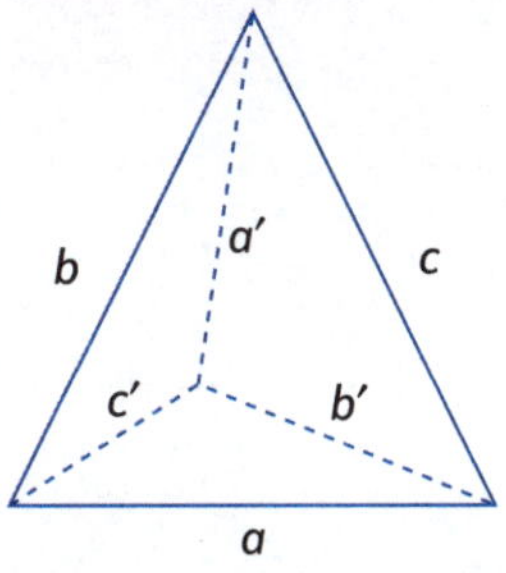

Les quatre faces de ce tétraèdre ont toutes le même périmètre p. On note a, b, c, a', b' et c' les longueurs des arêtes.

Montrer alors que : $a = a'$, $b = b'$ et $c = c'$.

Traces de recherche et réponse

Défi 2

Soit m un réel quelconque. Résoudre le système suivant (qu'on appelle « système de paramètre m ») :

$$\begin{cases} m^2x + my = 0 \\ (m-1)x - y = 1 \end{cases}$$

On distinguera différents cas suivant les valeurs de m.

Traces de recherche et réponse

Schéma-bilan de la séquence

Soit le système (S) : $\begin{cases} 2x + y = 1 \\ x - y = 0 \end{cases}$ de couple d'inconnues $(x ; y)$.

Résoudre des systèmes d'équations

Une solution d'un système de deux équations est un **couple** de nombres. Il doit vérifier deux égalités simultanément.

(1 ; 1) n'est pas une solution du système (S) car $2 \times 1 + 1 \neq 1$.

Tout système peut être traduit géométriquement.

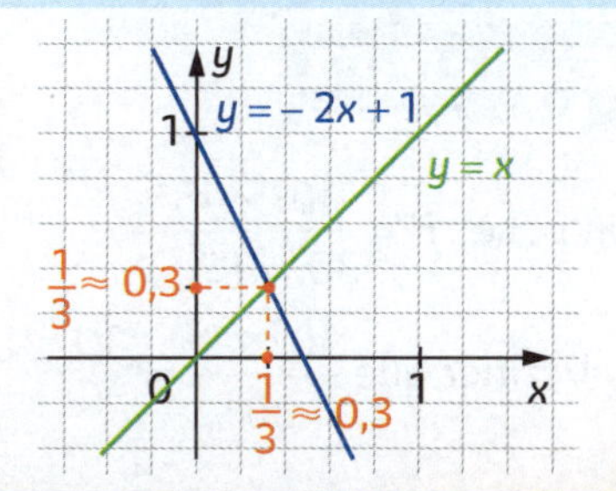

On peut résoudre un système par combinaison ou par substitution.

Par combinaison : $\begin{cases} 2x + y = 1 \\ 2x - 2y = 0 \end{cases}$ d'où, par différence : $y - (-2y) = 1 - 0$ d'où : $y = \frac{1}{3}$. Donc $x = y = \frac{1}{3}$.

Par substitution : $y = x$, grâce à la 2ᵉ équation. D'où, en substituant x à y dans la 1ʳᵉ équation : $2x + x = 1$.

D'où : $x = \frac{1}{3}$. Donc $y = \frac{1}{3}$. L'unique solution du système (S) est $\left(\frac{1}{3} ; \frac{1}{3}\right)$.

Calculer avec les puissances

Automatismes de calcul (séance 1)

1 ……… 2 ……… 3 ………

Automatismes de calcul (séance 2)

1 ……… 2 ……… 3 ………

Automatismes de calcul (séance 3)

1 ……… 2 ……… 3 ………

Maîtriser les incontournables

Si besoin, consulter les fiches A, G et H (pp. 68, 76 et 77) et le schéma-bilan de la séquence (p. 63)

Exercice 1

Certains des nombres A, B, C, D, E, F et G ci-dessous sont égaux à 1, d'autres à – 1. Retrouver ceux qui sont égaux à 1 ou à – 1 et les écrire sur la ligne 1 ou 2.

$A = (-1)^{25}$ $B = -1^{25}$ $C = \dfrac{-1}{(-1)^6}$ $D = (-1)^8 \times 1^{-8}$

$E = 100^3 \times 100^{-3}$ $F = \dfrac{10^4}{10^{-4}}$ $G = (-1)^{2n+1}$, où n est un entier relatif

1. Les nombres égaux à 1 sont : ………
2. Les nombres égaux à – 1 sont : ………

Exercice 2

Relier les expressions à leur résultat.

1^{-2} $-(-1)^2 - 1^2$ $(10^3)^2$ $10^3 + 10^2$ $10^3 \times 10^2$ $10^2 \times 10^{-2}$

0 – 2 1 100 1 10^6 10^5

Exercice 3

On pose : $H = \dfrac{10^3 \times 48^2}{30^3 \times (5^{-2})^2}$.

1. Vérifier que $\dfrac{10^3 \times 3^2}{30^3} = \dfrac{1}{3}$.

………

2. En déduire l'écriture irréductible de H.

………

………

………

Traces de recherche

Exercice 4

Les nombres a, b et c sont non nuls. Cocher les égalités qui sont vraies.

☐ $(10a)^2 = 100a^2$

☐ $(c^{-1})^{-2} = \dfrac{1}{c^2}$

☐ $a^2 \times b^3 = (ab)^5$

☐ $-3a^2 = 9a^2$

☐ $\left(\dfrac{-a}{b}\right)^3 = -\dfrac{a^3}{b^3}$

☐ $-(3b)^2 = -9b^2$

☐ $2^n + 2^n = 2^{n+1}$, où n est un entier relatif

☐ $2^n \times 2^n = 4^n$, où n est un entier relatif

Exercice 5

Soit n un entier relatif et a un nombre non nul. En utilisant les règles de calcul sur les puissances, montrer que : $a^n \times a^n \times a^n = (a^3)^n$.

....

....

Exercice 6

Dans chaque cas, compléter par les exposants manquants pour que l'égalité soit vraie.

a. $2^3 \times 14^2 = 2^3 \times (2 \times 7)^2 = 2^{\cdots} \times 7^{\cdots}$

b. $\left(\dfrac{4}{3}\right)^8 \times \left(\dfrac{3}{2^2}\right)^9 = 2^{\cdots} \times 3^{\cdots}$

c. $\dfrac{35^3}{21^2} = 3^{\cdots} \times 5^{\cdots} \times 7^{\cdots}$

d. Si a et b sont non nuls, alors : $\dfrac{5a^3b^2}{15a^2} = \dfrac{1}{3a^{\cdots}b^{\cdots}}$.

e. $\dfrac{1}{125\,000} = 2^{\cdots} \times 5^{\cdots}$

f. $2^2 \times 2^{-6} \times 2^{\cdots} \times 2 = \dfrac{1}{8}$

Exercice 7

L'intensité de la pesanteur (en N·kg^{-1}) à la surface d'un astre A de masse M_A (en kg) et de rayon moyen R_A (en m) est donnée par la formule (simplifiée) : $g_A = \dfrac{6{,}7 \times 10^{-11} \times M_A}{{R_A}^2}$. On dit que la pesanteur sur la Lune est environ six fois plus petite que celle sur la Terre. Vérifier cette affirmation en effectuant des calculs à la main.

Données : Pour la Terre : $M_T \approx 6{,}4 \times 10^{24}$ kg et $R_T \approx 6\,400$ km.

Pour la Lune : $M_L \approx 7 \times 10^{22}$ kg et $R_L \approx 1600$ km.

....

....

....

....

....

....

Traces de recherche

Atteindre les objectifs de l'année

Si besoin, consulter les fiches E, G et H (pp. 74, 76 et p. 77) et le schéma-bilan de la séquence (p. 63)

Exercice 8

Soit le rectangle de dimensions $L = 3 \times 10^{-3}$ m et $\ell = 2{,}5 \times 10^{-5}$ m.
Calculer l'aire (en m^2) et le périmètre (en m) de ce rectangle en donnant les résultats en écriture scientifique, c'est-à-dire sous la forme $b \times 10^n$, avec : $1 \leqslant b < 10$ et n entier relatif.

Exercice 9

Soit a un nombre non nul.
On pose : $A = -2a$, $B = 4a$ et $C = \sqrt{2}a$.
Relier chaque expression de la ligne du haut à son résultat dans la ligne du bas.

A^2	$(A^2B)^2$	A^2B^2C	A^3B	AC^3	$\dfrac{A^2}{C}$
$2\sqrt{2}a$	$4a^2$	$64\sqrt{2}a^5$	$256a^6$	$-4\sqrt{2}a^4$	$-32a^4$

Exercice 10

1. On utilise couramment (en informatique, par exemple) l'approximation $2^{10} \approx 10^3$. Justifier cette approximation.

2. On suppose qu'on peut réaliser des pliages successifs d'une feuille de papier de 0,1 mm d'épaisseur sur elle-même autant de fois que l'on veut. Calculer le nombre de plis nécessaires pour obtenir une épaisseur de papier pouvant atteindre la Lune, située à 384 400 km de la Terre.

Traces de recherche

Releuer des défis

Si besoin, consulter la fiche G (p. 76)
et le schéma-bilan de la séquence (p. 63)

Défi 1

Montrer que le nombre suivant est égal à 1 :

$$\frac{\dfrac{2^8}{0{,}125^{-3}}}{\dfrac{16^{-3}}{4^4}}\times\left(\frac{1}{\sqrt{2}}\right)^{38}$$

Traces de recherche et réponse

Défi 2

Pour tout entier naturel n, on pose : $A(n)=\dfrac{(8^{n+1}+8^n)^2}{(4^n-4^{n-1})^3}$.

Montrer que, pour tout entier naturel n, $A(n)$ est un nombre constant.

Traces de recherche et réponse

Schéma-bilan de la séquence

a, b sont non nuls, n et m sont des entiers relatifs.

Opérations sur les puissances

$a^n\times a^m=a^{n+m}$

$0{,}07^{-5}\times 0{,}07^{12}=0{,}07^7$

$10^5\times 10^{-3}=10^2$

$(a^n)^m=a^{n\times m}$

$\left((-2)^3\right)^{-4}=(-2)^{-12}$

$(10^3)^7=10^{3\times 7}=10^{21}$

$(a\times b)^n=a^n\times b^n$

$\left(\dfrac{a}{b}\right)^n=\dfrac{a^n}{b^n}$

$\left(\dfrac{-2}{3}\right)^3=\dfrac{(-2)^3}{3^3}=-\dfrac{8}{27}$

$(-a)^n$ est égal à $\begin{cases} a^n & \text{si } n \text{ est pair} \\ -a^n & \text{si } n \text{ est impair} \end{cases}$

$(-5)^2=5^2=25$

$(-5)^3=-5^3=-125$

$a^0=1$

$a^1=a$

$10^{-n}\times 10^n=10^0=1$

$ab^n\neq(ab)^n$ en général

$2\times 5^2=50$

$(2\times 5)^2=100$

SÉQUENCE 14

Déterminer et exploiter le signe d'une fonction

Automatismes de calcul (séance 1)

1 .... 2 .... 3 ....

Automatismes de calcul (séance 2)

1 .... 2 .... 3 ....

Automatismes de calcul (séance 3)

1 .... 2 .... 3 ....

Maîtriser les incontournables

Si besoin, consulter les fiches D et F (pp. 73 et 75) et le schéma-bilan de la séquence (p. 67)

Exercice 1

Soit a et c des nombres négatifs, avec c non nul, et b un nombre positif.
Compléter les cases du tableau par une croix.

	est positif	est négatif	on ne peut pas savoir
$a \times b$			
$\frac{a}{c}$			
$b + c$			
$(-a) \times (-b)$			
$a^{31} \times b \times c$			

Exercice 2

On pose $a = 15$. Quel est le signe de chacun des trois produits suivants ?

a. $(20 - a) \times (19 - a) \times (18 - a) \times (17 - a) \times (16 - a)$

....

b. $(1 - a) \times (2 - a) \times (3 - a) \times \ldots \times (14 - a)$

....

c. $(20 - a) \times (19 - a) \times (18 - a) \times \ldots \times (14 - a)$

....

....

Exercice 3

Soit g la fonction définie pour tout réel x par $g(x) = (3x - 1)(4x - 1)$.
Proposer une valeur de x pour laquelle $g(x)$ est strictement positif et une valeur de x pour laquelle $g(x)$ est strictement négatif.

....

....

Traces de recherche

Exercice 4

Soit g une fonction définie sur un intervalle I, dont le signe est donné par le tableau ci-contre.
Compléter les phrases suivantes pour qu'elles soient vraies.

x	-5		-4		0		3
Signe de g		$+$	0	$-$	0	$+$	

a. L'intervalle I est .... **b.** $g(-4) =$ ....

c. Le signe de $g(\sqrt{3})$ est ...., celui de $g(-2)$ est .... et celui de $g(-4{,}5)$ est ....

Exercice 5

Compléter chacun des tableaux de signe suivants.

x	$-\infty$	.....	$+\infty$
Signe de $2x-6$	.....	0	.....

x	....	......	....
Signe de x	......	......	......

x	....	......	....
Signe de $-x+5$	.....	.....	.....

x	....	......	....
Signe de $\frac{1}{-x+5}$	......		......

x	
Signe de $-x^2-9$	

x	
Signe de $-\frac{x}{4}$	

x	
Signe de $\frac{-7}{x}$	

x	
Signe de $1+\sqrt{x}$	

Exercice 6

1. Compléter le tableau de signe de la fonction $x \mapsto (2x+1)(7-x)$.

x	$-\infty$	....	....	$+\infty$
Signe de	....	....	....	....
Signe de	....	....	....	....
Signe de $(2x+1)(7-x)$	....	....	....	....

2. Décrire par une phrase le signe de la fonction $x \mapsto \dfrac{2x+1}{7-x}$.

....

....

....

3. Résoudre les inéquations $(2x+1)(7-x) < 0$ et $\dfrac{2x+1}{7-x} \geqslant 0$.

....

....

....

4. Quel est le signe de la fonction $x \mapsto -9(2x+1)(7-x)$ sur $\mathbb{R}$?

....

Traces de recherche

Déterminer et exploiter le signe d'une fonction

Atteindre les objectifs de l'année

Si besoin, consulter les fiches D, F et I (pp. 73, 75 et 78) et le schéma-bilan de la séquence (p. 67)

Exercice 7

On considère la fonction f définie sur $\mathbb{R}$ par $f(x) = 3x^2 - 5x$.
Sarah choisit un nombre x et calcule $f(x)$. Le résultat obtenu est strictement négatif. Déterminer tous les réels x que Sarah a pu choisir.

Exercice 8

1. Déterminer le signe des fonctions f, g et h définies sur $\mathbb{R}$ par :
$f(x) = x^2 - 6x + 9$, $g(x) = 4x^2 - 9$ et $h(x) = -x^2 - 2x - 1$.

2. Déterminer le signe de chacune des fonctions k et l définies sur $\mathbb{R}$ par :
$k(x) = (-3x + 7)(4x - 5) - (-3x + 7)(2x - 1)$ et $l(x) = (8 - x)^2 - (8 - x)$.

Traces de recherche

Relever des défis

Si besoin, consulter les fiches D, F et I (pp. 73, 75 et 78) et le schéma-bilan de la séquence (p. 67)

Défi 1

Un bocal sphérique de rayon $x > 0$ est rempli d'eau aux deux tiers de son volume total. Quelles sont toutes les valeurs de x telles qu'on puisse vider sans débord le contenu du bocal dans un aquarium en forme de pavé droit et de dimensions 11, 11, x ?
Toutes les longueurs sont données dans la même unité.

Traces de recherche et réponse

Défi 2

Soit $a > 0$. Pour quels nombres réels x a-t-on $\sqrt{\left(\frac{(x-a)^2}{x^2-a^2}\right)^2} = \frac{x-a}{x+a}$?

Traces de recherche et réponse

Schéma-bilan de la séquence

Déterminer et exploiter le signe d'une fonction

Règle des signes

Le produit (ou le quotient, s'il existe) de deux nombres de même signe est positif. Le produit (ou le quotient) de deux nombres de signes opposés est négatif.

- $(-2) \times (-3) \times 5 > 0$
- $(-8)^5 < 0$
- $\frac{-7}{-3} > 0$

Signe des autres fonctions de référence

La fonction $x \mapsto x^2$ est positive sur $\mathbb{R}$.

La fonction $x \mapsto x^3$ est négative sur $]-\infty\,;0]$ et positive sur $[0\,;+\infty[$.

La fonction $x \mapsto \sqrt{x}$ est positive sur $[0\,;+\infty[$.

La fonction $x \mapsto \frac{1}{x}$ est strictement négative sur $]-\infty\,;0[$ et strictement positive sur $]0\,;+\infty[$.

Signe de $x \mapsto mx + p$, avec $m \neq 0$

$mx + p$ s'annule pour $x = -\frac{p}{m}$.

x	$-\infty$		$-\frac{p}{m}$		$+\infty$
Signe de $mx+p$		signe de $-m$	0	signe de m	

$-3x + 7$ s'annule pour $x = -\frac{7}{-3} = \frac{7}{3}$

et $x \mapsto -3x + 7$ est négative sur $\left[\frac{7}{3}\,;+\infty\right[$.

Résolution d'une inéquation

x	$-\infty$		-2		1		$+\infty$
Signe de $f(x)$		$-$	0	$+$	‖	$-$	

Les solutions de l'inéquation $f(x) \leqslant 0$ sont les réels x appartenant à $]-\infty\,;-2] \cup]1\,;+\infty[$.

FICHE A

Quotients

1 Changement d'écriture d'un quotient et simplification d'une fraction

Pour tous nombres a, b, k tels que $b \neq 0$ et $k \neq 0$, on a : $\boxed{\dfrac{ka}{kb} = \dfrac{k \times a}{k \times b} = \dfrac{a}{b}}$.

Le changement d'écriture de $\dfrac{k \times a}{k \times b}$ à $\dfrac{a}{b}$ est appelé « **simplification** » si $k \neq 1$ et si a et b sont entiers.

Le quotient $\dfrac{a}{b}$, appelé **fraction** si a et b sont des entiers naturels, est écrit sous forme **irréductible** si les entiers a et b n'ont aucun diviseur commun supérieur à 1.

Exemple $\dfrac{330}{420} = \dfrac{33 \times 10}{42 \times 10} = \dfrac{3 \times 11}{3 \times 14} = \dfrac{11}{14}$ et $\dfrac{11}{14}$ est irréductible, car 11 et 14 n'ont pas de diviseur commun supérieur à 1.

Remarque On peut ainsi simplifier une fraction $\dfrac{a}{b}$ en plusieurs étapes.

Exemple Pour le quotient $\dfrac{330}{420}$, 330 et 420 sont divisibles par 2, 5 et 3.
On peut décomposer en facteurs premiers le numérateur et le dénominateur.
$330 = 2 \times 3 \times 5 \times 11$ et $420 = 2^2 \times 3 \times 5 \times 7$, d'où $\dfrac{330}{420} = \dfrac{2 \times 3 \times 5 \times 11}{2^2 \times 3 \times 5 \times 7} = \dfrac{11}{2 \times 7} = \dfrac{11}{14}$.

2 Quotients égaux

Pour b et d non nuls, si $\dfrac{a}{b} = \dfrac{c}{d}$, alors $ad = bc$. Réciproquement, si $ad = bc$, alors $\dfrac{a}{b} = \dfrac{c}{d}$.

3 Règles de calcul

Pour b et d non nuls : $\boxed{\dfrac{a}{b} + \dfrac{c}{d} = \dfrac{d \times a}{d \times b} + \dfrac{b \times c}{b \times d} = \dfrac{ad + bc}{bd}}$.

Exemples

- $\dfrac{6}{5} + \dfrac{3}{4} = \dfrac{4 \times 6}{4 \times 5} + \dfrac{5 \times 3}{5 \times 4} = \dfrac{24}{20} + \dfrac{15}{20} = \dfrac{39}{20}$
- $\dfrac{7}{5} - \dfrac{3}{10} = \dfrac{2 \times 7}{2 \times 5} - \dfrac{3}{10} = \dfrac{14}{10} - \dfrac{3}{10} = \dfrac{11}{10}$
- $2{,}5 + \dfrac{7}{6} = \dfrac{6 \times 2{,}5}{6 \times 1} + \dfrac{7}{6} = \dfrac{15}{6} + \dfrac{7}{6} = \dfrac{22}{6} = \dfrac{11}{3}$

Pour a, b, c et d non nuls :

$\boxed{\dfrac{a}{b} \times \dfrac{c}{d} = \dfrac{ac}{bd}}$ $\boxed{a \times \dfrac{c}{d} = \dfrac{a}{1} \times \dfrac{c}{d} = \dfrac{ac}{d}}$ $\boxed{\dfrac{1}{\frac{a}{b}} = \dfrac{b}{a}}$ $\boxed{\dfrac{a}{b} : \dfrac{c}{d} = \dfrac{\frac{a}{b}}{\frac{c}{d}} = \dfrac{a}{b} \times \dfrac{d}{c} = \dfrac{ad}{bc}}$ $\boxed{-\dfrac{a}{b} = \dfrac{-a}{b} = \dfrac{a}{-b}}$.

Exemples

- $\dfrac{\frac{0{,}14}{3{,}25}}{1 + \frac{2}{3}} = \dfrac{\frac{14}{325}}{\frac{3}{3} + \frac{2}{3}} = \dfrac{\frac{14}{325}}{\frac{5}{3}} = \dfrac{14}{325} \times \dfrac{3}{5} = \dfrac{14 \times 3}{325 \times 5} = \dfrac{42}{1625}$
- $1 - \dfrac{2{,}2}{-7} \times (-5) = 1 + \dfrac{(-2{,}2) \times (-5)}{-7} = 1 + \dfrac{11}{-7} = 1 - \dfrac{11}{7} = -\dfrac{4}{7}$

FICHE **B**

Priorités opératoires

1 Expression sans parenthèse

Pour calculer une expression sans parenthèse, on respecte l'ordre de priorité suivant :
(1) calculer les puissances ;
(2) calculer les multiplications et les divisions, de gauche à droite ;
(3) calculer les additions et les soustractions, de gauche à droite.

Exemples

■ $27-7\times\frac{4}{2^3}=27-7\times\frac{4}{8}=27-7\times\frac{1}{2}=27-\frac{7}{2}=\frac{47}{2}$ ou 23,5.

on simplifie au fur et à mesure quand c'est possible

■ Calcul de $f(-3)$, où $f(x)=2x^2-4x+1$:

$f(-3)=2\times(-3)^2-4\times(-3)+1=2\times9-4\times(-3)+1=18+12+1=31.$

2 Expression avec parenthèses

Pour calculer une expression avec parenthèses, on commence par les expressions à l'**intérieur des parenthèses**, en respectant l'ordre de priorité du paragraphe 1.

S'il y a des parenthèses imbriquées, on commence par les expressions dans les parenthèses les plus intérieures.

Exemple $\frac{5}{4}-\frac{3}{4}\left(2-\left(1+\frac{3}{2}\right)^2\right)=\frac{5}{4}-\frac{3}{4}\left(2-\left(\frac{5}{2}\right)^2\right)=\frac{5}{4}-\frac{3}{4}\left(2-\frac{25}{4}\right)=\frac{5}{4}-\frac{3}{4}\times\left(-\frac{17}{4}\right)=\frac{5\times4}{4\times4}+\frac{51}{16}=\frac{71}{16}$

3 Parenthèses implicites

Soit a, b, c, d quatre nombres tels que $c+d\neq0$. On a : $\boxed{\frac{a+b}{c+d}=(a+b):(c+d)}$.

Soit a et b deux nombres tels que $a+b\geqslant0$. On a : $\boxed{\sqrt{a+b}=\sqrt{(a+b)}}$.

Exemple 1 ***Calcul numérique***

■ $\frac{15-8}{5-2}=(15-8):(5-2)=7:3=\frac{7}{3}$

■ $7-2\sqrt{12^2+25}=7-2\sqrt{(144+25)}=7-2\sqrt{169}=7-2\times13=7-26=-19$

■ Soit les points A(– 1 ; 2) et B$\left(3\,;\frac{1}{2}\right)$ dans un repère orthonormé. La longueur de [AB] est alors :

$AB=\sqrt{(3-(-1))^2+\left(\frac{1}{2}-2\right)^2}=\sqrt{4^2+\left(-\frac{3}{2}\right)^2}=\sqrt{16+\frac{9}{4}}=\sqrt{\frac{73}{4}}$ (ou aussi $\frac{\sqrt{73}}{2}$: voir fiche E, p. 74).

Exemple 2 ***Calcul littéral*** (au besoin, consulter la fiche I page 78)

Soit x différent de 0 et x différent de 1.

$$\frac{x}{x-1}-\frac{x+1}{x}=\frac{x}{(x-1)}-\frac{(x+1)}{x}=\frac{x\times x-(x-1)(x+1)}{x(x-1)}=\frac{x^2-(x^2+x-x-1)}{x(x-1)}=\frac{1}{x(x-1)}.$$

Pourcentages et taux d'évolution

1 Proportionnalité et lien avec les fonctions linéaires

Deux grandeurs sont dites **proportionnelles** si l'on peut passer de l'une à l'autre en multipliant toujours par un même nombre m non nul, appelé **coefficient de proportionnalité**. On peut modéliser cette situation à l'aide de la fonction $x \mapsto mx$.

x	0	1
mx	0	m

$\times m$

Exemple Sachant que la masse x de beurre (en g) et son prix à l'achat (en €) sont proportionnels et que 500 g de beurre coûtent 3 €, on peut modéliser ce prix par la fonction P définie pour tout réel $x \geqslant 0$ par : $P(x) = 0{,}006x$.

2 Pourcentages

Règle 1 Calculer p % d'une valeur, c'est la multiplier par $\frac{p}{100}$.
On note t le nombre $\frac{p}{100}$.

Exemple Calculer 4 % de 850 :
$850 \times \frac{4}{100} = 850 \times 0{,}04 = 34$.

Règle 2 Augmenter une valeur de p % revient à la multiplier par $1 + t$.
Diminuer une valeur de p % revient à la multiplier par $1 - t$.

Exemple Réduire 630 de 13 % revient à multiplier 630 par $1 - \frac{13}{100}$ soit $630 \times \left(1 - \frac{13}{100}\right) = 630 \times 0{,}87 = 548{,}1$.

3 Taux d'évolution et taux d'évolution réciproque

Soit une grandeur dont la valeur $V_0 \neq 0$ subit une évolution pour arriver à une valeur $V_1 \neq 0$.

- On appelle taux d'évolution de V_0 à V_1 le nombre réel t défini par $t = \frac{V_1 - V_0}{V_0}$

et taux d'évolution réciproque (de V_1 à V_0) le nombre t', qui est donc défini par $t' = \frac{V_0 - V_1}{V_1}$.

t et t' **sont en particulier de signes opposés.**

- On appelle coefficient multiplicateur de V_0 à V_1 le nombre CM défini par $\text{CM} = \frac{V_1}{V_0} = 1 + t$

et le coefficient multiplicateur CM′ associé à l'évolution réciproque est $\text{CM}' = \frac{1}{\text{CM}}$.

Exemple Le nombre de ventes d'un magasin diminue de 8 % en 2020. On souhaite que les ventes retrouvent leur état initial fin 2021.
On calcule le coefficient multiplicateur associé à la diminution : $\text{CM} = 1 - \frac{8}{100} = 0{,}92$.
On calcule le coefficient multiplicateur associé à l'évolution réciproque : $\text{CM}' = \frac{1}{0{,}92} \approx 1{,}087$.
Le nombre de ventes fin 2020 doit augmenter en 2021 d'environ 8,7 % pour retrouver son état initial.

4 Évolutions successives

Si une grandeur subit deux évolutions successives de coefficients multiplicateurs respectifs CM_1 et CM_2, alors le coefficient multiplicateur global est égal à $\text{CM}_1 \times \text{CM}_2$.

Exemple Une grandeur augmente de 20 %, puis de 10 %. Quel est le taux d'évolution global ?
On calcule le coefficient multiplicateur associé à chaque évolution :
$\text{CM}_1 = 1 + \frac{20}{100} = 1{,}2$ et $\text{CM}_2 = 1 + \frac{10}{100} = 1{,}1$.
On effectue le produit de ces coefficients multiplicateurs : $\text{CM} = \text{CM}_1 \times \text{CM}_2 = 1{,}2 \times 1{,}1 = 1{,}32$.
On calcule le taux d'évolution global t en utilisant $t = \text{CM} - 1 = 1{,}32 - 1 = 0{,}32$.
Le taux d'évolution global correspond à une augmentation de 32 %.

FICHE D

Fonctions

1 Lier calculs et lectures graphiques pour les fonctions

a. Vocabulaire

D est une partie de $\mathbb{R}$. Définir une fonction f sur D revient à associer à chaque réel x de D un unique nombre réel noté $f(x)$. On note : $\boldsymbol{f : x \mapsto f(x)}$. On dit que x est la variable de f.
Soit $a \in D$ et $b = f(a)$; on dit que b est **l'image** de a par f et que a est **un antécédent** de b par f.
Dans un repère, la courbe représentative de f, notée $\mathscr{C}_f$, est l'ensemble des points $\boldsymbol{M(x\,;\,y)}$ avec $\boldsymbol{y = f(x)}$.

Exemples f est définie sur $D = \mathbb{R}$ par $f(x) = x^2 - 4$ et g est définie sur $[2\,;\,8]$ par $g(x) = \dfrac{1}{x-1}$.

- $f(2) = 0$ et $f(-2) = 0$ donc -2 et 2 sont des antécédents de 0 par f.
- $g(2) = 1$ donc 1 est l'image de 2 par g.

Attention : $g(1)$ n'existe pas car la division par 0 n'existe pas.

b. Détermination de l'image et des antécédents

Lectures graphiques

Lire l'image de x

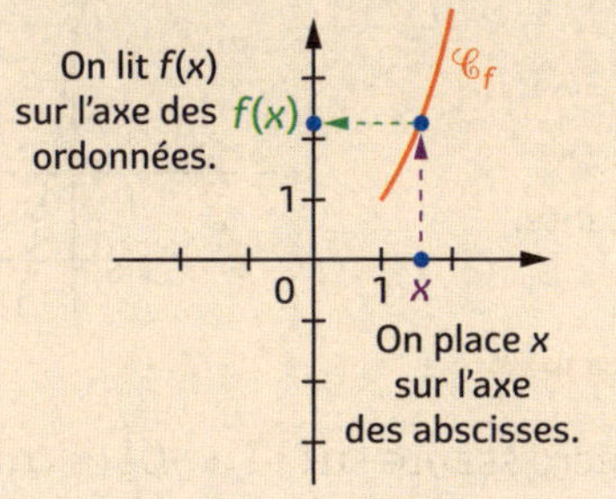

Lire les antécédents de y

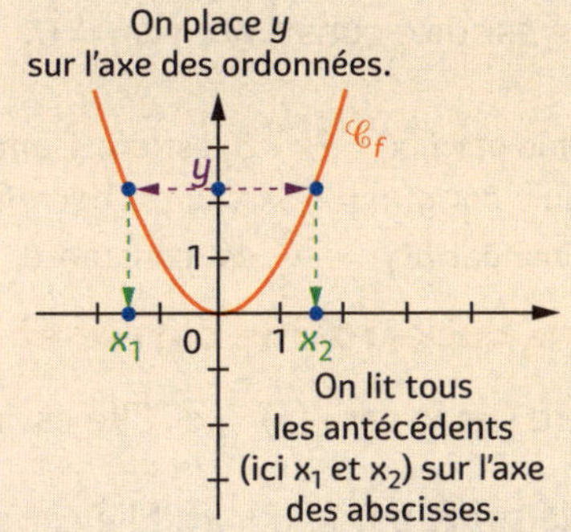

Exemple

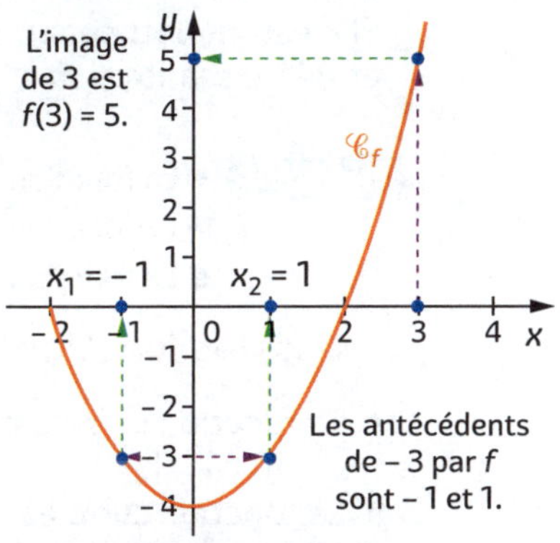

Preuves par le calcul
- On calcule l'image de a par f en remplaçant x par a dans l'expression $f(x)$.
- On calcule les antécédents de b par f en résolvant l'équation $f(x) = b$, d'inconnue x.

Exemples f est définie sur $\mathbb{R}$ par $f(x) = x^2 - 4$.

- L'image de 3 par f est : $f(3) = 3^2 - 4 = 5$.
- $f(x) = 5$ est équivalente à $x^2 = 9$ donc à $x = -3$ ou $x = 3$.

Le nombre 5 a donc exactement deux antécédents : 3 et -3.

c. Traduction de propriétés géométriques

Appartenance d'un point à la courbe représentative
$A(x_A\,;\,y_A) \in \mathscr{C}_f$ est équivalent à $f(x_A) = y_A$.

Exemple f est définie sur $\mathbb{R}$ par $f(x) = x^2 - 4$. Alors $A(-1\,;\,-5) \notin \mathscr{C}_f$ car $f(-1) = -3 \neq -5$.

Intersection de la courbe représentative avec les axes
- La courbe $\mathscr{C}_f$ coupe l'axe des ordonnées en A de coordonnées $(0\,;\,f(0))$.
- La courbe $\mathscr{C}_f$ coupe l'axe des abscisses en B de coordonnées $(x\,;\,0)$. On résout l'équation $f(x) = 0$.

Exemples f est définie sur $\mathbb{R}$ par $f(x) = x^2 - 4$.

- $\mathscr{C}_f$ coupe l'axe des ordonnées au point $A(0\,;\,f(0))$, c'est-à-dire $A(0\,;\,-4)$.
- L'équation $x^2 - 4 = 0$ a deux solutions : -2 et 2. $\mathscr{C}_f$ coupe l'axe des abscisses en $B(-2\,;\,0)$ et $C(2\,;\,0)$.

FICHE D

Fonctions (suite)

2 Décrire les variations d'une fonction

a. Fonction croissante, fonction décroissante

f est **(monotone) croissante** sur un intervalle I signifie que : pour tous nombres *a* et *b* de I, si $a \leqslant b$, alors $f(a) \leqslant f(b)$.

Une fonction croissante conserve l'ordre entre deux antécédents quelconques et celui de leurs images.

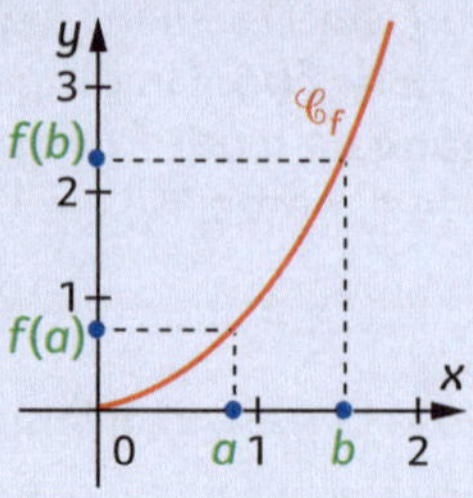

f est **(monotone) décroissante** sur un intervalle I signifie que : pour tous nombres *a* et *b* de I, si $a \leqslant b$, alors $f(a) \geqslant f(b)$.

Une fonction décroissante modifie l'ordre entre deux antécédents quelconques et celui de leurs images.

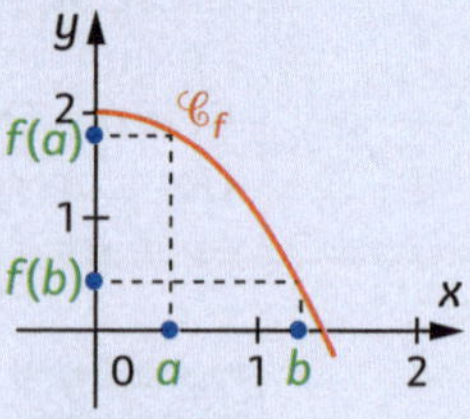

Dans l'un ou l'autre cas, si les inégalités sont toutes strictes, on dit que *f* est strictement monotone sur I.

b. Cas des fonctions affines

Une fonction **affine** *f* est définie sur ℝ par $f(x) = mx + p$, où *m* et *p* sont deux réels.
Elle est **monotone** sur ℝ. Plus précisément, elle est croissante si $m \geqslant 0$ et décroissante si $m \leqslant 0$. Elle est dite constante si $m = 0$.

Exemples
- La fonction *f*, définie par $f(x) = 2x + 3$, est croissante.
- La fonction *g*, définie par $g(x) = -5x + 2$, est décroissante.
- La fonction *h*, définie par $h(x) = -\frac{\pi}{3}$, est constante.

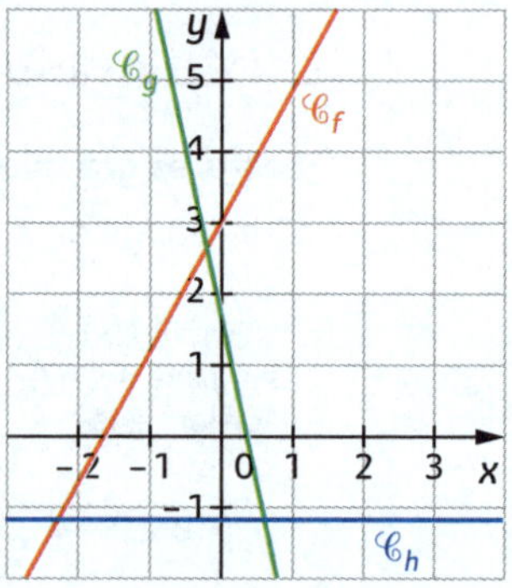

c. Cas des fonctions carré, cube, racine carrée et inverse

- La fonction **carré** est définie sur ℝ par $f(x) = x^2$. Elle est décroissante sur $]-\infty ; 0]$ et croissante sur $[0 ; +\infty[$.
- La fonction **cube** est définie sur ℝ par $f(x) = x^3$. Elle est croissante sur ℝ.
- La fonction **racine carrée** est définie sur $[0 ; +\infty[$ par $f(x) = \sqrt{x}$. Elle est croissante sur $[0 ; +\infty[$.
- La fonction **inverse** est définie sur $]-\infty ; 0[\cup]0 ; +\infty[$ par $f(x) = \frac{1}{x}$.
  Elle est décroissante sur $]-\infty ; 0[$ et décroissante sur $]0 ; +\infty[$.

Exemples
- $-0{,}5 \leqslant 1{,}5$ donc $(-0{,}5)^3 \leqslant 1{,}5^3$, car la fonction cube est croissante sur ℝ.
- $-2 < -1$ donc $(-2)^2 > (-1)^2$, car la fonction carré est décroissante sur $]-\infty ; 0]$.

d. Extremums d'une fonction

Une fonction *f* admet un minimum en x_0 (noté **min** *f*) sur un intervalle I si, pour tout *x* dans I, $f(x) \geqslant f(x_0)$.

Une fonction *f* admet un maximum en x_0 (noté **Max** *f*) sur un intervalle I si, pour tout *x* dans I, $f(x) \leqslant f(x_0)$.

Dans l'un ou l'autre de ces cas, on dit que *f* admet un extremum en x_0 sur I.

Exemple graphique

Pour tout *x* dans $[-5 ; 2]$, $f(x) \geqslant -2$ et $f(-3) = -2$ donc $\min f = -2$ sur $[-5 ; 2]$.

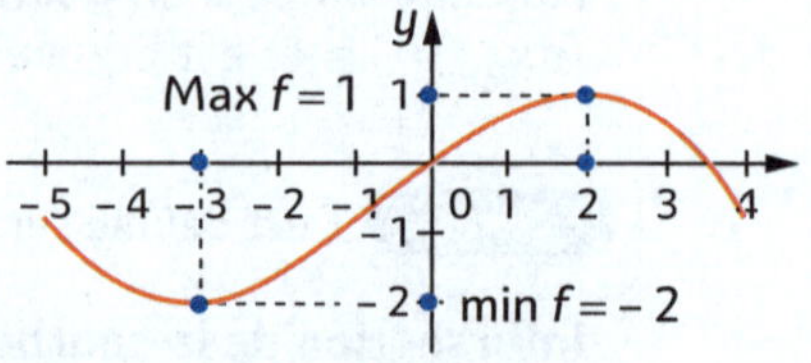

Exemple de preuve par calcul

f est définie sur ℝ par $f(x) = -x^2 + 3$.
Pour tout réel *x*, $-x^2 + 3 \leqslant 3$ et $3 = f(0)$.
Donc pour tout réel *x*, on a : $f(x) \leqslant f(0)$.
Donc $\text{Max } f = f(0) = 3$ sur ℝ.

Exemple d'utilisation d'un tableau de variation

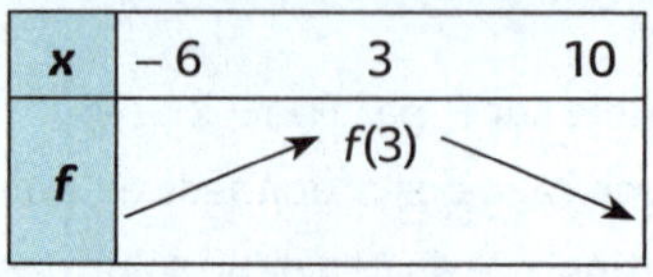

Donc $f(3) = \text{Max } f$ sur $[-6 ; 10]$.

Les flèches indiquent que *f* définie sur $[-6 ; 10]$ est strictement croissante sur $[-6 ; 3]$ et strictement décroissante sur $[3 ; 10]$.

Fonctions (suite)

3 Déterminer et exploiter le signe d'une expression ou d'une fonction

a. Signe d'une fonction affine définie par $f(x) = mx + p$, avec $m \neq 0$

x	$-\infty$	$-\frac{p}{m}$	$+\infty$
Signe de $mx + p$	Signe de $-m$	0	Signe de m

Exemple Signe de $x \mapsto 3x + 2$ ($m = 3 > 0$)

x	$-\infty$	$-\frac{2}{3}$	$+\infty$
Signe de $3x + 2$	$-$	0	$+$

b. Signe des autres fonctions de référence : $x \mapsto x^2$; $x \mapsto x^3$; $x \mapsto \frac{1}{x}$ et $x \mapsto \sqrt{x}$

x	$-\infty$	0	$+\infty$
Signe de x^2	$+$	0	$+$

x	$-\infty$	0	$+\infty$
Signe de x^3	$-$	0	$+$

x	$-\infty$	0	$+\infty$
Signe de $\frac{1}{x}$	$-$	‖	$+$

x	0	$+\infty$
Signe de $\sqrt{x}$	0	$+$

c. Signe d'un produit ou d'un quotient

Règle des signes
Soit a et b deux nombres réels non nuls.
Si a et b sont de même signe, le produit $a \times b$ et le quotient $\frac{a}{b}$ sont positifs.
Si a et b sont de signes opposés, le produit $a \times b$ et le quotient $\frac{a}{b}$ sont négatifs.

Pour obtenir le signe d'une fonction dont une expression est un produit ou un quotient, on peut utiliser un tableau de signe.

Méthode pour dresser un tableau de signe
- On détermine les réels x pour lesquels chaque facteur s'annule.
- On place ces réels dans la première ligne du tableau, dans l'ordre croissant.
- On détermine le signe de chaque expression en utilisant les propriétés des paragraphes **a.** ou **b.**.
- On complète la dernière ligne en appliquant la règle des signes, colonne par colonne.

Exemple Déterminer les réels x pour lesquels le nombre $\frac{3x+2}{-2x+1}$ est positif ou nul, est équivalent à résoudre l'inéquation $\frac{3x+2}{-2x+1} \geqslant 0$.

x	$-\infty$		$-\frac{2}{3}$		$\frac{1}{2}$		$+\infty$
Signe de $3x + 2$		$-$	0	$+$		$+$	
Signe de $-2x + 1$		$+$		$+$	0	$-$	
Signe de $\frac{3x+2}{-2x+1}$		$-$	0	$+$	‖	$-$	

Attention : si $x = \frac{1}{2}$, alors $-2x + 1 = 0$. Le quotient ne peut pas être calculé car le dénominateur de $\frac{3x+2}{-2x+1}$ ne peut pas être égal à 0. On trace une double barre dans la dernière ligne, à la verticale de $\frac{1}{2}$.

Interprétation des résultats de la dernière ligne
$\frac{3x+2}{-2x+1}$ est positif pour tous les nombres x supérieurs ou égaux à $-\frac{2}{3}$ et strictement inférieurs à $\frac{1}{2}$.

Contrôles des résultats de la dernière ligne du tableau
Si $x = 0$ (0 est compris entre $-\frac{2}{3}$ et $\frac{1}{2}$), alors $\frac{3 \times 0 + 2}{-2 \times 0 + 1} = 2$, qui est bien positif.

Si $x = 3$ (3 est supérieur à $\frac{1}{2}$), alors $\frac{3 \times 3 + 2}{-2 \times 3 + 1} = -\frac{11}{5} = -2{,}2$, qui est bien négatif.

Réponse : $\frac{3x+2}{-2x+1} \geqslant 0$ si et seulement si $x \in \left[-\frac{2}{3} ; \frac{1}{2}\right[$.

Remarque : la méthode est identique pour déterminer le signe d'un produit (voir Fiche F p. 75 pour un autre exemple).

FICHE

E

Racines carrées

1 Racine carrée d'un nombre positif

Pour tout **nombre positif a**, la racine carrée de a est le nombre b qui vérifie :
$\boxed{b^2 = a}$ et $\boxed{b \text{ est positif}}$. On note : $\boldsymbol{b = \sqrt{a}}$.

Exemple La racine carrée de $\frac{4}{25}$ est $\frac{2}{5}$ car $\left(\frac{2}{5}\right)^2 = \frac{4}{25}$ et $\frac{2}{5}$ est positif. On écrit : $\sqrt{\frac{4}{25}} = \frac{2}{5}$.

- Pour tout nombre positif a, on a : $\boxed{\left(\sqrt{a}\right)^2 = \sqrt{a^2} = a}$.
- Deux nombres positifs a et b sont égaux si et seulement si leurs carrés a^2 et b^2 sont égaux.

2 Propriétés algébriques des racines carrées

Pour tout nombre positif a et tout nombre positif b, on a : $\boxed{\sqrt{a^2 b} = a\sqrt{b}}$.

On appelle **écriture simplifiée** de la racine carrée d'un rationnel l'écriture $a\sqrt{b}$, avec b entier le plus petit possible.

Exemples
- L'écriture simplifiée de $\sqrt{180}$ est $6\sqrt{5}$ car $\sqrt{180} = \sqrt{36 \times 5} = \sqrt{6^2 \times 5} = 6\sqrt{5}$.
- De même, $\sqrt{\frac{18}{49}} = \sqrt{\frac{3^2 \times 2}{7^2}} = \sqrt{\left(\frac{3}{7}\right)^2 \times 2} = \frac{3}{7}\sqrt{2}$.

- Pour a et b positifs, on a : $\boxed{\sqrt{ab} = \sqrt{a}\sqrt{b}}$.
- Si, de plus, b est non nul, alors on a : $\boxed{\sqrt{\frac{a}{b}} = \frac{\sqrt{a}}{\sqrt{b}}}$.

Exemples
- $\frac{\sqrt{3} \times \sqrt{6}}{\sqrt{2}} = \frac{\sqrt{18}}{\sqrt{2}} = \sqrt{\frac{18}{2}} = \sqrt{9} = 3$
- $\sqrt{\frac{125}{25-9}} = \sqrt{\frac{125}{16}} = \frac{\sqrt{125}}{\sqrt{16}} = \frac{\sqrt{5^2 \times 5}}{4} = \frac{5\sqrt{5}}{4} = \frac{5}{4}\sqrt{5}$

Remarque Attention : $\sqrt{a+b} \neq \sqrt{a} + \sqrt{b}$ et $\sqrt{a-b} \neq \sqrt{a} - \sqrt{b}$ en général.
En effet, $\sqrt{36+64} = \sqrt{100} = 10$ et $\sqrt{36} + \sqrt{64} = 6 + 8 = 14$.

Remarque Les propriétés de calcul sur les nombres rationnels se prolongent aux racines carrées.

Exemples
- Distributivité : $\sqrt{28} - \frac{3}{4}\sqrt{7} = 2\sqrt{7} - \frac{3}{4}\sqrt{7} = \left(2 - \frac{3}{4}\right)\sqrt{7} = \frac{5}{4}\sqrt{7}$.
- Quotient sans radical au dénominateur : $\frac{1}{\sqrt{2}} = \frac{1 \times \sqrt{2}}{\sqrt{2} \times \sqrt{2}} = \frac{1}{2}\sqrt{2}$.

3 Expression conjuguée

Pour c positif et a et b quelconques, on appelle **expression conjuguée** de $a + b\sqrt{c}$ le nombre $a - b\sqrt{c}$.

Remarque L'expression conjuguée permet d'écrire certains quotients sous la forme $p + q\sqrt{c}$ où p et q sont rationnels et c entier le plus petit possible.

Exemple $\frac{3}{2+5\sqrt{2}} = \frac{3(2-5\sqrt{2})}{(2+5\sqrt{2})(2-5\sqrt{2})} = \frac{6-15\sqrt{2}}{2^2-(5\sqrt{2})^2} = \frac{6-15\sqrt{2}}{4-50} = \frac{6-15\sqrt{2}}{-46} = -\frac{3}{23} + \frac{15}{46}\sqrt{2}$

FICHE
F
Équations et inéquations

1 Vocabulaire

Un nombre est **une solution** d'une équation (respectivement d'une inéquation) si, en substituant ce nombre à l'inconnue, on obtient une égalité (respectivement une inégalité) vraie.

Exemples
- 3 n'est pas une solution de l'équation $4x-5=3$ car $4\times3-5=7$ et $7=3$ est une égalité fausse.
- 3 est une solution de l'inéquation $4x-5\geqslant3$ car $4\times3-5=7$ et $7\geqslant3$ est une inégalité vraie.

- **Résoudre** une équation (ou une inéquation), c'est déterminer toutes les solutions de l'équation (ou de l'inéquation).
- Deux équations (ou deux inéquations) sont **équivalentes** si elles ont les mêmes solutions.

Exemples
- Les équations $4x-2=7-x$, $4x+x=7+2$ et $5x=9$ sont équivalentes. Leur solution est $\frac{9}{5}$.
- Les inéquations $2x+6\leqslant1{,}5-x$, $2x+x\leqslant1{,}5-6$ et $3x\leqslant-4{,}5$ sont équivalentes.

Leurs solutions sont tous les nombres x tels que : $x\leqslant-1{,}5$, soit tous les nombres de $]-\infty\,;-1{,}5]$.
Représentation sur un axe gradué :

2 Équations « produit nul » et équations « quotient nul »

- Un produit est nul si et seulement si un de ses facteurs est nul.
- Un quotient est nul si et seulement si son numérateur est nul.

Exemples
- L'équation $3(2x+5)(x-2)=0$ est équivalente à $2x+5=0$ ou $x-2=0$ car le premier facteur, 3, n'est pas nul. Cette équation a donc exactement deux solutions : $-\frac{5}{2}$ et 2.
- L'équation $\frac{8x+11}{x^2+1}=0$ est équivalente à $8x+11=0$. Son unique solution est $-\frac{11}{8}$.

3 Inéquations et signes

La multiplication et la division des deux membres d'une inégalité par un même nombre strictement négatif change l'ordre de comparaison. Les autres opérations ne modifient pas l'ordre de comparaison.

Exemple $-3x>90$ équivaut à $\frac{-3x}{-3}<\frac{90}{-3}$ soit à $x<-30$.

Pour tout nombre a : « $\boldsymbol{a\geqslant0}$ » signifie « ***a* est positif** » et « $\boldsymbol{a\leqslant0}$ » signifie « ***a* est négatif** ».

On peut alors utiliser la règle des signes pour résoudre les inéquations du type $A(x)\geqslant0$ ou $A(x)\leqslant0$, où $A(x)$ est un produit ou un quotient.

Exemple Résoudre $\frac{(2-x)(2x+1)}{x^2+3}\leqslant0$, qui est du type $A(x)\leqslant0$.

① On résout $2x+1\geqslant0$ et $2-x\geqslant0$.
② Pour tout x, $x^2+3>0$.
③ On applique la règle des signes dans le tableau, colonne par colonne, pour remplir les cases de la dernière ligne.
④ La dernière ligne du tableau fournit le signe du premier membre de l'inéquation. Les solutions sont les nombres x tels que $x\leqslant-\frac{1}{2}$ ou $x\geqslant2$.

x	$-\infty$		$-\frac{1}{2}$		2		$+\infty$
$2-x$		+ (car $2-x>0$)		+ (car $2-x>0$)	0	– (car $2-x<0$)	
$2x+1$		–	0	+		+	
x^2+3		+		+		+	
$\frac{(x-1)(2x+1)}{x^2+3}$		–	0	+	0	–	

FICHE G

Puissances

1 Une notation pratique

Pour tout nombre a et tout entier naturel $n \geqslant 2$, on note $\boxed{a^n}$ le nombre $\boxed{\underbrace{a \times \cdots \times a}_{n \text{ facteurs égaux}}}$.

Le nombre a^n est appelé la **puissance n-ième de a** et n est alors appelé l'**exposant** dans a^n.
Par convention, on pose : $\boxed{a^1 = a}$ et $\boxed{a^0 = 1}$.
Si a est non nul, et si n est un entier naturel, on pose $\boxed{a^{-n} = \frac{1}{a^n}}$.

Exemples ■ $10^{-3} = \frac{1}{10^3} = \frac{1}{10 \times 10 \times 10} = \frac{1}{1000}$. ■ $(-1)^n = \begin{cases} 1 & \text{si } n \text{ est pair} \\ -1 & \text{si } n \text{ est impair} \end{cases}$.

2 Règles de calcul

On suppose a et b non nuls et n et m sont des entiers relatifs quelconques.

- $\boxed{a^n \times a^m = a^{n+m}}$ En particulier : $\boxed{\frac{a^n}{a^m} = a^{n-m}}$
- $\boxed{(a^n)^m = a^{n \times m}}$
- $\boxed{(a \times b)^n = a^n \times b^n}$ En particulier : $\boxed{(-a)^n = (-1)^n \times a^n}$ et $\boxed{\left(\frac{a}{b}\right)^n = \frac{a^n}{b^n}}$

Exemples ■ $(-2)^3 \times (-5)^2 \times 10^{-3} = -8 \times 25 \times 10^{-3} = -200 \times 10^{-3} = -2 \times 10^{-1} = -\frac{2}{10^1} = -\frac{2}{10} = -\frac{1}{5}$

■ $\frac{0{,}1^2 \times 0{,}01^{-1}}{-4^{-6} \times (0{,}25^2)^{-3}} = \frac{0{,}01 \times 0{,}01^{-1}}{-4^{-6} \times 0{,}25^{-6}} = \frac{0{,}01^0}{-(4 \times 0{,}25)^{-6}} = \frac{1}{-1^{-6}} = \frac{1}{-1} = -1$

■ $\left(\frac{2}{3}\right)^7 \times \frac{3^6}{2^8} = \frac{2^7}{3^7} \times \frac{3^6}{2^8} = 2^7 \times 3^{-7} \times 3^6 \times 2^{-8} = 2^{7-8} \times 3^{-7+6} = 2^{-1} \times 3^{-1} = (2 \times 3)^{-1} = \frac{1}{6}$

■ Pour n entier relatif : $2^{n+1} - 2^n = 2^n \times 2 - 2^n = 2^n(2-1) = 2^n$.

3 Puissances de 10 et notation scientifique

Pour tout entier naturel n, $\boxed{10^n = 1\underbrace{0\ldots0}_{n \text{ chiffres } 0}}$.

En particulier : $\boxed{10^1 = 10}$ et $\boxed{10^0 = 1}$ et si $n \geqslant 1$, on a : $\boxed{10^{-n} = \frac{1}{10^n} = 0{,}\underbrace{00\ldots01}_{n \text{ chiffres après la virgule}}}$.

On peut utiliser toutes les propriétés de calcul précédentes avec les puissances de 10 (voir fiche H).

Exemples ■ $10^{-3} = 0{,}001$ ■ $10^{-6} = 0{,}000\,001$ ■ $10^9 \times (10^{-4})^2 = 10^{9-8} = 10$

■ Diviser un nombre a par 0,01 revient à le multiplier par 100. $a : 0{,}01 = \frac{a}{10^{-2}} = a \times 10^2 = 100a$.

L'écriture scientifique d'un nombre décimal a est $\boxed{b \times 10^n}$ où **b est un nombre décimal compris entre 1 et 10 (10 exclu)** et **n est un nombre entier relatif.**

Exemple L'écriture scientifique de 1 234,5 est $1{,}2345 \times 10^3$. Celle de 0,005 1 est $5{,}1 \times 10^{-3}$.

FICHE **H**

Puissances de 10 et conversions

1 Opérations sur les puissances de 10

Soit a un nombre non nul et n et m des entiers relatifs quelconques.

- $10^n \times 10^m = 10^{n+m}$ En particulier : $\dfrac{10^n}{10^m} = 10^{n-m}$
- $(10^n)^m = 10^{n \times m}$
- $(a \times 10)^n = a^n \times 10^n$ En particulier : $(-10)^n = (-1)^n \times 10^n$ et $\left(\dfrac{a}{10}\right)^n = \dfrac{a^n}{10^n}$

2 Puissances de 10, multiples et sous-multiples

Multiples et sous-multiples

Préfixe	Symbole	Puissance de 10
giga	G	$\times 10^9$
méga	M	$\times 10^6$
kilo	k	$\times 10^3$
hecto	h	$\times 10^2$
déca	da	$\times 10^1$
		$\times 10^0$
déci	d	$\times 10^{-1}$
centi	c	$\times 10^{-2}$
milli	m	$\times 10^{-3}$
micro	µ	$\times 10^{-6}$
nano	n	$\times 10^{-9}$

Exemple pour le mètre

Unité	Symbole	Conversion en m	
gigamètre	Gm	$\times 10^9$ m	1 000 000 000 m
mégamètre	Mm	$\times 10^6$ m	1 000 000 m
kilomètre	km	$\times 10^3$ m	1 000 m
hectomètre	hm	$\times 10^2$ m	100 m
décamètre	dam	$\times 10^1$ m	10 m
mètre	m	$\times 10^0$ m	1 m
décimètre	dm	$\times 10^{-1}$ m	0,1 m
centimètre	cm	$\times 10^{-2}$ m	0,01 m
millimètre	mm	$\times 10^{-3}$ m	0,001 m
micromètre	µm	$\times 10^{-6}$ m	0,000 001 m
nanomètre	nm	$\times 10^{-9}$ m	0,000 000 001 m

Exemple 56 dm = $5,6 \times 10^2$ cm = $5,6 \times 10^{-2}$ hm.

3 Conversions de longueur, d'aire et de volume

Conversions de longueur

km	hm	dam	m	dm	cm	mm

Conversions d'aire

km²		hm²		dam²		m²		dm²		cm²		mm²	

Conversions de volume et de capacité

km³			hm³			dam³			m³			dm³			cm³			mm³		
											kL	hL	daL	L	dL	cL	mL			

Exemples ■ 67 m² = $6,7 \times 10^{-1}$ dam² = $6,7 \times 10^7$ mm² ■ 6 cm³ = 6×10^3 mm³ = 6×10^{-3} dm³ = 6×10^{-3} L

4 Méthodes pour calculer des grandeurs

- Pour ajouter, soustraire, multiplier ou diviser des grandeurs de nature identique, il faut les écrire dans la **même unité**.
- Pour convertir une grandeur composée (produit ou quotient), on convertit **chacune des deux grandeurs** si nécessaire.

Exemples ■ Ajouter 1 h 40 min et 90 min, c'est calculer (en minute) 100 + 90, d'où une durée de 190 min.

■ $v = 36 \text{ km·h}^{-1} = \dfrac{36 \times 1000}{3600} = 10 \text{ m·s}^{-1}$

FICHE 1

Calcul littéral

1 Règles de distributivité

Simple distributivité Pour tous nombres a, b, k, on a : $\boxed{k(a+b)=ka+kb}$.

Dans cette égalité, le produit $k(a+b)$ est la forme factorisée et la somme $ka+kb$ est la forme développée.
Dans la somme $ka+kb$, k est un facteur commun aux deux termes ka et kb.

Exemples ■ ***Factoriser pour obtenir un produit d'expressions affines***

$6x^2-2x=x\times 6x-x\times 2=x(6x-2)$ ou aussi $6x^2-2x=2x\times 3x-2x\times 1=2x(3x-1)$

■ ***Factoriser pour réduire***

$$2x+\frac{1}{2}x^2-\frac{4}{3}x+x^2-2=\left(\frac{1}{2}+1\right)x^2+\left(2-\frac{4}{3}\right)x-2=\frac{3}{2}x^2+\frac{2}{3}x-2$$

■ ***Écrire sans parenthèse***

$$(-2+x)-(3-2x)=1\times(-2+x)+(-1)\times(3-2x)=1\times(-2)+1\times x+(-1)\times 3+(-1)\times(-2x)$$
$$=-2+x-3+2x=(2+1)x-5=3x-5$$

■ ***Développer, puis réduire***

$$7x(x-2)-(x-1)=7x\times x+7x\times(-2)-x-(-1)=7x^2-14x-x+1=7x^2-15x+1$$

Double distributivité Pour tous nombres k, l, a et b, on a : $\boxed{(k+l)(a+b)=ka+kb+la+lb}$.

Exemples ***Développer***

■ $(x+2)(2x+3)=x\times 2x+x\times 3+2\times 2x+2\times 3=2x^2+3x+4x+6=2x^2+7x+6$

■ $(4-x)(-2+x)=4\times(-2)+4\times x+(-x)\times(-2)+(-x)\times x=-8+4x+2x-x^2=-x^2+6x-8$

2 Égalités remarquables

Pour tous nombres a et b, on a les trois égalités (« **identités dites remarquables** ») suivantes :

$\boxed{(a+b)^2=a^2+2ab+b^2}$; $\boxed{(a-b)^2=a^2-2ab+b^2}$; $\boxed{(a+b)(a-b)=a^2-b^2}$.

Dans chacune de ces égalités, le membre de gauche est la forme factorisée et le membre de droite, la forme développée. Ces trois égalités sont des cas particuliers de la règle de double distributivité.

Exemples ***Développer***

■ $(2x-3)^2=(2x)^2-2\times 2x\times 3+3^2=4x^2-12x+9$

■ $\left(-x+\frac{3}{2}\right)^2=(-x)^2+2\times(-x)\times\frac{3}{2}+\left(\frac{3}{2}\right)^2=x^2-3x+\frac{9}{4}$

Exemples ***Factoriser***

■ $(1-x)^2-4=(1-x)^2-2^2=(1-x-2)(1-x+2)=(-x-1)(3-x)=(x+1)(x-3)$

■ $x^2-4x+4=x^2-2\times 2\times x+2^2=(x-2)^2$

Remarque L'égalité $(a-b)^2=a^2-2ab+b^2$ est un cas particulier de $(a+b)^2=a^2+2ab+b^2$.

En effet : $(a-b)^2=(a+(-b))^2=a^2+2a(-b)+(-b)^2=a^2-2ab+b^2$.

FICHE J

Systèmes d'équations

1 Vocabulaire

Un couple de nombres $(u\ ;\ v)$ est une solution du **système d'équations** $\begin{cases} ax+by=c \\ a'x+b'y=c' \end{cases}$ **dont le couple d'inconnues est $(x\ ;\ y)$**, si les deux égalités $au+bv=c$ et $a'u+b'v=c'$ sont vraies.

Résoudre un système d'équations, c'est déterminer toutes les solutions de ce système.

Les nombres a, a', b, b' sont appelés les **coefficients** et c et c' les **seconds membres**.

Exemple $(-3\ ;\ 1)$ est une solution du système $\begin{cases} 2x+6y=0 \\ -x+2y=5 \end{cases}$ mais $(0\ ;\ 0)$ ne l'est pas car $-0+2\times 0 \neq 5$.

2 Exemple de résolution d'un système par calcul

Exemple On résout : $\begin{cases} 3x-6y=-9 \\ 2x+y=3 \end{cases}$.

On **observe** au préalable une simplification par 3. On obtient : $\begin{cases} x-2y=-3 \\ 2x+y=3 \end{cases}$.

Par substitution	
$\begin{cases} x=-3+2y \\ 2x+y=3 \end{cases}$	On exprime une des inconnues (ici x) en fonction de l'autre. On choisit une équation avec le moins de calculs possible.
$\begin{cases} x=-3+2y \\ 2(-3+2y)+y=3 \end{cases}$	Dans l'autre équation, on substitue à x l'expression obtenue.
$2(-3+2y)+y=3$ si et seulement si $y=\frac{9}{5}$	On obtient une équation à une seule inconnue et on en déduit la valeur de y.
$x=-3+2\times\frac{9}{5}=\frac{3}{5}$	On substitue à y sa valeur dans l'équation $x=-3+2y$ pour obtenir la valeur de x.

Par combinaison	
$\begin{cases} 2\times x-2\times 2y=2\times(-3) \\ 2x+y=3 \end{cases}$ $\begin{cases} 2x-4y=-6 \\ 2x+y=3 \end{cases}$	On multiplie les coefficients et le second membre d'au moins une des équations par un nombre (ici 2) pour que le coefficient d'une inconnue (ici x) soit le même dans les deux équations.
$(2x-4y)-(2x+y)=-6-3$	On soustrait membre à membre les deux équations.
$-4y-y=-9$ si et seulement si $y=\frac{9}{5}$	On obtient une équation à une seule inconnue et on en déduit la valeur de y.
$x=-3+2\times\frac{9}{5}=\frac{3}{5}$	On substitue à y sa valeur dans l'équation $x-2y=-3$ pour obtenir la valeur de x.

Aucune des étapes ne modifie l'ensemble des solutions. La seule solution du système est $\left(\frac{3}{5}\ ;\ \frac{9}{5}\right)$.

3 Interprétation graphique d'un système

Résoudre le système $\begin{cases} -mx+y=p \\ -m'x+y=p' \end{cases}$ est équivalent à déterminer, dans un repère, les coordonnées des points communs éventuels aux droites (d) et (d'), si (d) représente la fonction $x \mapsto mx+p$ et si (d') représente la fonction $x \mapsto m'x+p'$.

Exemple 1

$\begin{cases} -x+y=1 \\ \frac{1}{2}x+y=\frac{1}{2} \end{cases}$ a pour solution unique $\left(-\frac{1}{3}\ ;\ \frac{2}{3}\right)$.

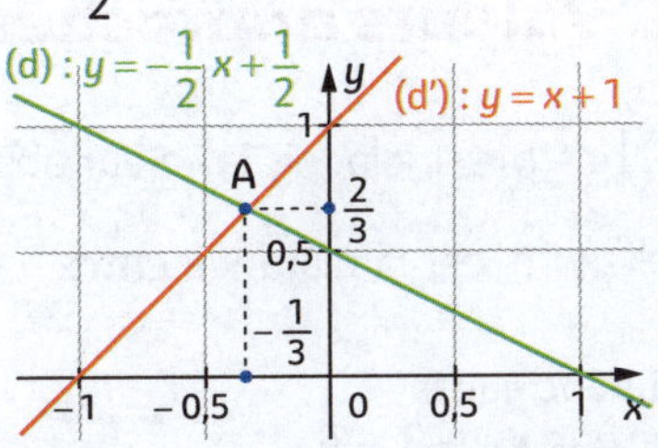

(d) et (d') sont sécantes en $A\left(-\frac{1}{3}\ ;\ \frac{2}{3}\right)$.

Exemple 2

$\begin{cases} -x+y=1 \\ -x+y=\frac{1}{2} \end{cases}$ n'a pas de solution.

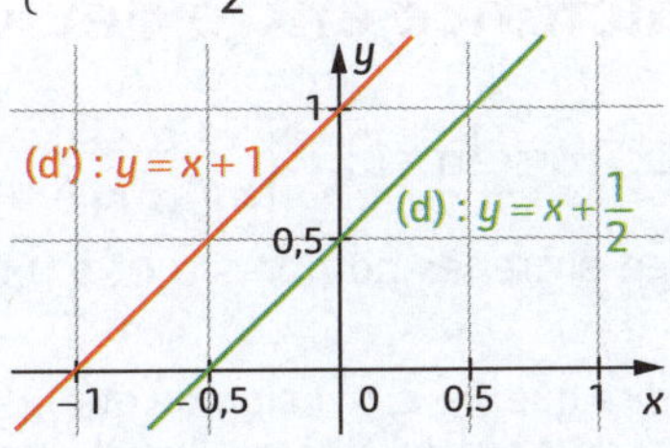

(d) et (d') sont strictement parallèles.

Exemple 3

$\begin{cases} -x+y=1 \\ x-y=-1 \end{cases}$ a une infinité de solutions.

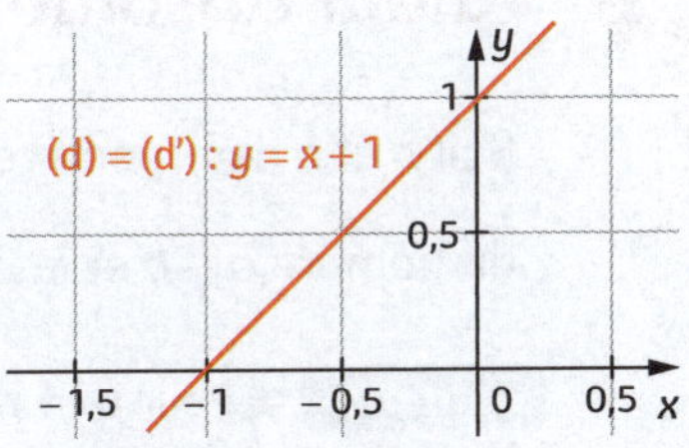

(d) et (d') sont confondues.

FICHE K

S'initier aux intervalles et aux valeurs absolues

1 Intervalles bornés

Dans ce paragraphe, a et b sont deux nombres réels tels que $a < b$.

Notation	Traduction	Représentation
$x \in [a\,;b]$	$a \leqslant x \leqslant b$	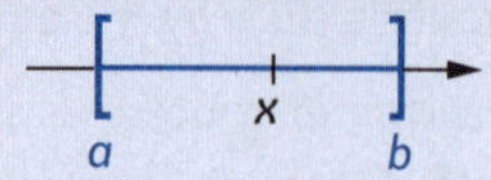
$x \in]a\,;b[$	$a < x < b$	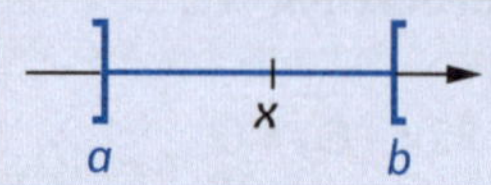

Notation	Traduction	Représentation
$x \in]a\,;b]$	$a < x \leqslant b$	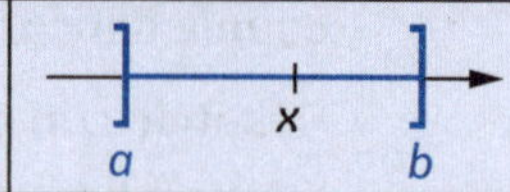
$x \in [a\,;b[$	$a \leqslant x < b$	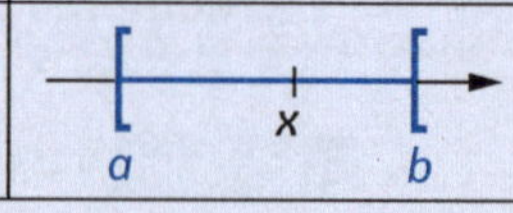

Ces ensembles sont appelés **intervalles bornés** et, dans chacun des quatre cas, les nombres a et b sont leurs **bornes**. L'orientation des crochets indique si chaque borne est dans l'intervalle ou non.

Exemple L'ensemble des nombres réels x tels que $x \leqslant 4$ et $x > -1$ est l'intervalle $]-1\,;4]$.
Attention, l'intervalle ne peut pas s'écrire $[4\,;-1[$, car $4 > -1$.

Soit I un intervalle de bornes a et b. L'**amplitude** de I est le réel $b - a$ et le **centre** de I est $\dfrac{a+b}{2}$.

Exemple L'amplitude de l'intervalle $]-1\,;4]$ est $4 - (-1) = 5$ et son centre est $\dfrac{-1+4}{2} = \dfrac{3}{2}$ ou 1,5.

2 Intervalles non bornés

Notation	Traduction	Représentation
$x \in [a\,;+\infty[$	$a \leqslant x$	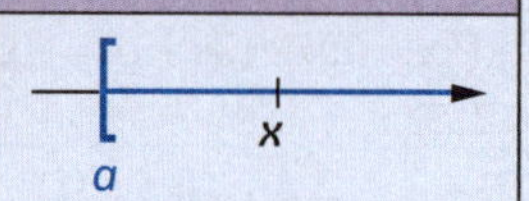
$x \in]a\,;+\infty[$	$a < x$	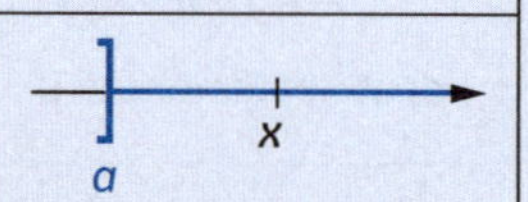

Notation	Traduction	Représentation
$x \in]-\infty\,;a]$	$x \leqslant a$	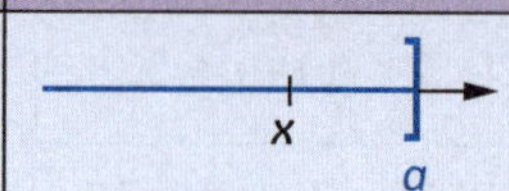
$x \in]-\infty\,;a[$	$x < a$	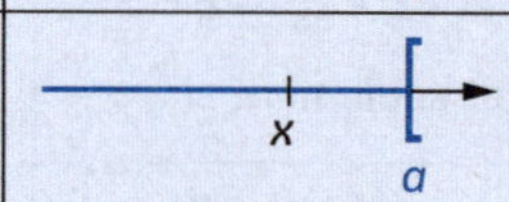

Exemples L'ensemble des nombres réel positifs est l'intervalle $[0\,;+\infty[$ et l'ensemble des nombres réels strictement négatifs est l'intervalle $]-\infty\,;0[$.

3 Valeur absolue d'un nombre réel

Soit a un nombre réel. On pose : $|a| = \begin{cases} a & \text{si } a \text{ est positif } (a \geqslant 0) \\ -a & \text{si } a \text{ est négatif } (a \leqslant 0) \end{cases}$.

Le nombre $|a|$ est appelé **valeur absolue** de a et il vérifie : $|a| \geqslant 0$.
En particulier : ■ $|a| = 0$ si et seulement si $a = 0$ ■ $|-a| = |a|$.

Exemples ■ $|5| = 5$ car $5 \geqslant 0$ et $|-5| = -(-5) = 5$ car $-5 \leqslant 0$ ■ $\left|\dfrac{-\sqrt{3}}{-2}\right| = \dfrac{\sqrt{3}}{2}$ car $\dfrac{-\sqrt{3}}{-2} = \dfrac{\sqrt{3}}{2} \geqslant 0$

4 Valeur absolue et distance entre deux réels. Valeurs approchées

Soit a et b deux nombres réels. Alors : $|a - b| = \begin{cases} a - b & \text{si } a \geqslant b \\ b - a & \text{si } b \geqslant a \end{cases}$. Ainsi, $|a - b|$ est à la fois la valeur absolue du nombre $a - b$ et la distance entre les nombres a et b. En particulier, $|a|$ est la distance entre a et 0.

Exemples ■ Pour tout réel x, dire que $|x+2| \leqslant 1$ signifie que $|x-(-2)| \leqslant 1$ donc que la distance entre x et -2 est au plus égale à 1 : cela signifie donc que $x \in [-3\,;-1]$.

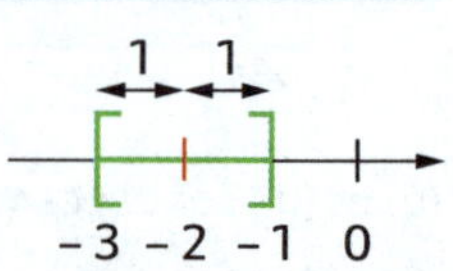

■ $|\sqrt{5} - 2{,}2| = \sqrt{5} - 2{,}2$ car $\sqrt{5} \geqslant 2{,}2$. De plus, puisque $|\sqrt{5} - 2{,}2| \leqslant 0{,}1$, on dit que 2,2 est une valeur approchée de $\sqrt{5}$ à 0,1 près.